Sachsen

Praxis Sprache 5

Sprechen
Schreiben
Lesen

Arbeitsheft

Herausgegeben von	Wolfgang Menzel
Erarbeitet von	Sabine Haeske
	Ute Hirth
	Roswitha Radisch
	Günter Rudolph
Illustriert von	Konrad Eyferth

westermann

Diagnostizieren. Fördern. Evaluieren.
Die OnlineDiagnose zu diesem Lehrwerk testet die wichtigsten Kompetenzen und erstellt individuelle Fördermaterialien und Arbeitshefte zum Downloaden oder Bestellen. Nähere Informationen unter **www.onlinediagnose.de**

Liebe Schülerinnen und Schüler,

ihr findet in diesem Arbeitsheft auf vielen Seiten Aufgaben und Materialien in den Farben **Türkis** und **Rot**, unter denen ihr auswählen könnt:

- **Türkise Aufgaben, Texte und Übungsmaterialien**
  sind etwas einfacher und kürzer. Sie geben euch Hilfestellungen, die ihr für eure Arbeit nutzen könnt.
- **Rote Aufgaben, Texte und Übungsmaterialien**
  sind etwas schwieriger und umfangreicher.

Inhalt

→ **Einen Sachtext mit der 6-Schritt-Lesemethode erschließen**

In Leipzig und Dresden – die weltgrößten 360-Grad-Panoramen

1) _____

In Leipzig und Dresden stellt der Künstler Yadegar Asisi seit 2003 die größten Panoramen der ganzen Welt aus. Ein Panorama ist ein Bild oder ein Foto, das einen weiten Blick über eine sehr große Fläche bietet. Asisis Bilder sind über 100 Meter lang und mehr als 30 Meter hoch, sie sind kreisrund und haben eine Fläche von mehr als 3 000 Quadratmetern. Der Besucher kann sich auf einem Podest in der Mitte des Ausstellungsraumes um sich selbst drehen und hat immer einen Ausschnitt des Bildes vor Augen. Mit dieser Perspektive und einer eingespielten Musik- und Geräuschkulisse werden so einmalige Eindrücke vermittelt.

2) _____

Auf seinem ersten riesengroßen Rundbild in Leipzig zeigte er von 2003 bis 2005 den höchsten Berg der Erde, den 8 848 Meter hohen Mount Everest. Die faszinierenden Aufnahmen davon wurden im Himalaya-Gebirge in ca. 6 000 Meter Höhe gemacht. Daraus setzte der Künstler ein Panoramabild zusammen, das den Eindruck der Grenzenlosigkeit in einem solchen Hochgebirge vermittelt. 450 000 Menschen besuchten seine Ausstellung.

3) _____

Yadegar Asisis zweites erfolgreiches Projekt in Leipzig war ein Riesenrundbild vom prachtvollen alten Rom. Bis Februar 2009 genossen über 650 000 Besucher einen einmaligen Blick über die gesamte antike Stadt im Jahr 312 n. Chr. Die Stadt war auf dem 106 Meter langen und 34 Meter hohen Bild so echt dargestellt, dass man sich wie auf einer Reise in die Vergangenheit fühlte.

4) _____

Seit 2009 begeistert Asisi in Leipzig mit seinem dritten Panoramabild: „AMAZONIEN". Der Künstler entführt die Besucher in die grüne Lebenswelt nahe dem Äquator. Er verzaubert sie mit einem sagenhaften Blick in den Regenwald und einem vieltausendstimmigen Konzert der Tiere.

5) _____

Auch in Dresden gibt es ein Panometer. Seit 2006 kann man dort das Panoramabild „1756 DRESDEN" bewundern. Der Besucher wird mitten in einen sonnigen Augusttag des Jahres 1756 versetzt und kann hautnah einen Tagesablauf miterleben. Mit beginnender Abendstimmung verebben das Stimmengewirr und die Geschäftigkeit.

6) _____

Yadegar Asisi macht seine Bilder, um den Menschen das Begreifen und Verstehen der Welt zu erleichtern. Er will mit seinen Panoramen Menschen zum Staunen und „bewussten" Sehen bringen und die Menschen in andere Zeiten und Welten versetzen.

7) _____

Als Standort für seine gigantischen Bilder wählte sich der Künstler in Leipzig und Dresden zwei alte Gasometer aus. Diese runden Gebäude waren ursprünglich mit Gas gefüllt. Gas benötigten die Menschen im 19. Jahrhundert für das Licht der Straßenlaternen oder – wie teilweise heute noch – zum Kochen und Heizen. Heute wird Gas über Fernleitungen aus anderen Ländern geliefert, deshalb benutzt man die alten Gasometer nicht mehr.

8) _____

Yadegar Asisi mietete die leer stehenden Gasometer und verwandelte sie zu einem „Panometer". Dieser Begriff setzt sich aus *Panorama* und *Gasometer* zusammen. Mit viel Fantasie und Einfallsreichtum machte Asisi aus den alten Gebäuden in Leipzig und Dresden einen Anziehungspunkt für Besucher aus aller Welt.

 Seit 2003 haben schon mehr als zwei Millionen Menschen Yadegar Asisis Ausstellungen besucht. Markiere im Text mindestens fünf Gründe dafür.

 Stell dir vor, du könntest eines der Panometer besuchen und hättest die Auswahl zwischen allen vier Bildern. Für welches würdest du dich entscheiden? Begründe kurz deine Auswahl.

_____

_____

_____

_____

💡 **Tipp:**
Über alle Ausstellungen des Künstlers Yadegar Asisi kannst du dich im Internet näher informieren: www.asisi.de

 Erschließe dir nun den Text mit der 6-Schritt-Lesemethode. Gehe folgendermaßen vor:

💡 **1. Schritt**
Verschaffe dir zunächst einen Überblick darüber, worum es in dem Text ungefähr geht. Dafür musst du ihn zuerst einmal mit den Augen überfliegen.

💡 **2. Schritt**
Lies nun die Abschnitte gründlich. Markiere dir dabei Wörter, die du nicht verstehst.

💡 **3. Schritt**
Kläre die Wörter, die du nicht verstehst, mit Hilfe eines Wörterbuches oder Lexikons oder mit einem Partner.

Über mich und andere Heimat

4. Schritt

Lies den Text noch einmal und unterstreiche die Schlüsselwörter. Formuliere dann für die Abschnitte eine Zwischenüberschrift und schreibe sie darüber.

5. Schritt

Notiere dir nun zu den Abschnitten die wichtigsten Informationen in Stichwörtern. Dabei helfen dir die unterstrichenen Textstellen.

In Leipzig und Dresden – die weltgrößten 360-Grad-Panoramabilder

1. Abschnitt: _____

_____

2. Abschnitt: _____

_____

_____

3. Abschnitt: _____

_____

_____

4. Abschnitt: _____

_____

_____

5. Abschnitt: _____

_____

_____

6. Abschnitt: _____

_____

7. Abschnitt: _____

_____

_____

8. Abschnitt: _____

_____

6. Schritt

Arbeitet zu zweit. Gebt euch gegenseitig anhand eurer Stichwörter den Inhalt des Textes wieder.

→ **Eine Sage erschließen**

Der Basilisk[1] in Torgau

Vor vielen Jahrhunderten hauste in einem Brunnen der Stadt Torgau an der Elbe ein schrecklicher Basilisk. Er verpestete mit seinem giftigen Hauch das Wasser aller Brunnen der Stadt. Die Ratsherren setzten eine hohe Belohnung aus für
5 den, der die Stadt von dem Ungeheuer befreien würde.

Endlich meldete sich ein Verbrecher, der in der Stadt gefangen gehalten wurde und zum Tode verurteilt war. Er hatte einmal in einem Zauberbuch gelesen, wie man Basilisken bekämpfen kann. Also schritt er zur Tat.

10 Zunächst behängte er sich mit mehreren Spiegeln, einen nahm er in die Hand und hielt ihn nach unten. Dann ließ er sich eine lange Leiter bringen und stieg in den Brunnen hinab.

Als der Basilisk sein eigenes Bild im Spiegel erblickte, glaubte er, es sei noch ein zweites Ungeheuer im Brunnen.
15 Das ärgerte ihn so sehr, dass er vor Wut platzte. Von diesem Augenblick an war Torgau von dem Übel befreit.

Dem Verbrecher wurde die Todesstrafe erlassen und die Freiheit geschenkt.

Zum Andenken an die böse Zeit, die das Ungeheuer über
20 die Stadt gebracht hatte, ließ man im Keller des Rathauses sein Bild in Stein hauen. Dort ist es noch heute zu sehen.

[1] Bezeichnung für ein Fabeltier mit todbringendem Gesicht bzw. Name einer tropischen Eidechse (mittelamerikanischer Leguan)

1 Finde heraus, mit welchen Problemen die Bürger von Torgau zu kämpfen haben.

_____

_____

_____

_____

2 Beschreibe, mit welchem Trick der Basilisk besiegt werden konnte.

_____

_____

_____

_____

_____

3 Wieso erklärt sich gerade ein Verbrecher aus dem Gefängnis bereit, den Basilisken zu bekämpfen?

_____

_____

_____

4 Versetze dich in die Lage des Verbrechers. Schreibe auf, was ihm vor dem Kampf gegen den Basilisken durch den Kopf gegangen sein mag.

_____

_____

_____

_____

M

Merkmale von Sagen

Der Begriff **Sage** bedeutet so viel wie Erzähltes oder auch Gesagtes.

Meist handelt es sich um kurze, ursprünglich vom Volk mündlich überlieferte Erzählungen in einfacher Sprache.

Oft liegt Sagen ein wirkliches Geschehen zugrunde. Heimatsagen haben immer einen bestimmten Bezug zu konkreten Orten, Bauwerken oder Ereignissen und Zeiträumen.

Das, was sich die Menschen nicht erklären konnten, wurde fantasievoll ausgeschmückt.

5 Ein Merkmal der Heimatsagen ist, dass sie immer einen bestimmten Bezug zu konkreten Orten, Bauwerken oder Ereignissen und Zeiträumen haben. Das nennt man die Wahrheitshinweise.
Welche Wahrheitshinweise findest du im Text? Es gibt drei. Schreibe sie auf.

_____

_____

_____

_____

6 Sagen enthalten neben den Wahrheitshinweisen auch fantasievolle Ausschmückungen. Damit versuchten die Menschen, Vorgänge zu beschreiben, die sie sich nicht erklären konnten. Suche aus der Sage drei fantasievolle Ausschmückungen heraus und schreibe sie auf.

_____

_____

_____

_____

Der große Topf zu Penig

Einstmals stellten die Peniger einen großen Topf her, der 50 Eimer Wein fassen konnte. Wer in dieses Gefäß hineinfiel, musste schon gut schwimmen können, wollte er nicht ertrinken. Dieser Wundertopf wurde auf dem Markt ausgestellt, damit ihn alle
5 sehen und bestaunen konnten, bevor der köstliche Tropfen Wein hineingefüllt wurde.

Auch viele Fremde von nah und fern wurden von diesem Topfe angelockt. Wenn Peniger Stadtkinder auf Wanderschaft in eine fremde Stadt kamen und um Arbeit nachsuchten, wurden sie oft
10 gefragt: „Bist du aus dem Penig, in dem der große Topf steht?"

Eines Tages verlangte auch der Sohn des Kurfürsten[1], ihn zu schauen. Und als er den Topf sah, fiel es ihm ein, hineinzusteigen. Kaum war er aber die Leiter hinabgeklettert und unten angelangt, ließ sein Erzieher, ein Herr von Schönberg, die Leiter
15 herausziehen. Da saß nun der Prinz in seinem dunklen Gefängnis, weit oben sah er nur ein Stück Himmel und ringsum die hohen braunen Wände, die viel zu glatt waren, als dass er hätte hinaufklettern können. Der Herr von Schönberg dachte natürlich, der Prinz würde sich aufs Bitten legen, um aus dem Topf
20 befreit zu werden. Der junge Fürstensohn jedoch besann sich nicht lange, schlug nach kurzer Zeit mit der Faust an die Wand, die bekam ein Loch so groß wie eine Tür, und lachend schritt der Prinz ins Freie.

Nun aber hatte Übermut etwas zerstört, was viele fleißige Hände
25 geschaffen hatten. Um die Töpfer für den Verlust zu entschädigen, erbat sich der Prinz deshalb bei seinem Vater Steuerfreiheit für sie und erhielt diese auch.
   Später brannten sich die Peniger nochmals einen solchen Riesentopf, stellten ihn auf dem Topfanger aus und erbauten ein
30 Häuschen darüber. Noch viele Jahre ist er da zu sehen gewesen.

[1] Es gab bis 1806 sieben Kurfürsten in Deutschland. Diese waren an der Wahl des deutschen Königs beteiligt. Zu den Kurfürsten zählte auch der Herzog von Sachsen. Der Titel Kurfürst ist abgeleitet von dem Wort „küren", also wählen.

1 Die Stadt Penig war einst sehr bekannt für ihren Wundertopf. Schreibe die Besonderheit dieses Topfes aus dem Text heraus.

_____

_____

_____

_____

2 Finde im Text eine Erklärung dafür, dass der Erzieher dem Prinzen die Leiter wegnimmt.
Schreibe sie mit deinen Worten auf.

_____

_____

_____

3 Versetze dich in die Lage des Prinzen, während er allein in dem finsteren Topf hockt
und die Leiter nach draußen verschwunden ist.

Wie sieht es in dem Topf aus?

_____

Wie könnte dem Prinzen zumute sein?

_____

Was könnte ihm durch den Kopf gehen?

_____

_____

_____

4 Im letzten Abschnitt der Sage wird deutlich, dass der junge Prinz die Zerstörung des Topfes bereut.

a) Schreibe mit deinen Worten auf, wie er den Schaden bei den Peniger Bürgern wiedergutmachen will.

_____

_____

b) Schreibe die Textstelle mit Angabe der Zeilen auf, in der das so steht.

_____

_____

_____

c) Schreibe mit deinen Worten auf, wie die Peniger Bürger auf die Entschädigung reagieren.

_____

_____

_____

5 Lies folgenden Text zur Entstehung der Sage.

Im Mittelalter war Penig eine recht bekannte Töpferstadt. Mit diesem Handwerkszweig ist die Sage vom „Großen Topf zu Penig" verbunden.

5 Der Riesentopf wurde einst unter der Anleitung des Meisters Hans Weider von den Peniger Töpfermeistern geformt. Als Weltwunder bestaunt, pilgerten alljährlich zahlreiche Fremde aus allen Rich-
10 tungen nach Penig, um den Topf dort zu bewundern und zu bestaunen.

Um die Zerstörung des Topfes rankt sich eine Sage. Der junge Prinz Friedrich der Weise soll den Topf beschädigt ha-
15 ben, nachdem er in ihn hineingeklettert sein soll.

Die jüngste Nachbildung des Riesentopfes entstand 1995 zum Tag der Sachsen und wurde unmittelbar an der
20 Muldenbrücke aufgestellt.

- Markiere in der Sage auf Seite 9 die Textstellen, die sich auf das wahre Geschehen beziehen.
- Markiere auch den konkreten Ort, auf den sich die Sage bezieht.
- Welcher Teil der Sage ist höchstwahrscheinlich nur eine fantasievolle Ausschmückung? Fasse diesen Teil zusammen.

_____

_____

_____

_____

6 Begründe nun, warum es sich bei der Sage _Der große Topf zu Penig_ um eine Heimatsage handelt. Beachte dazu auch den Kasten auf Seite 8.

_____

_____

_____

_____

_____

_____

→ **Eine Nacherzählung zu einer Sage überarbeiten**

1 Lies dir die folgende Nacherzählung einer Sage zuerst einmal **ohne** die Aufgaben
ganz durch. Überarbeite sie danach so, wie es in den Aufgaben 2 bis 7 steht.

Der Binger Mäuseturm

eine Nacherzählung

Im Jahr 974 gab es in Deutschland eine große
Hungersnot. Es gab nichts mehr zu essen, und
viele Menschen mussten sterben. Das küm-
merte den reichen Bischof Hatto in Mainz aber
nicht.

2 Die folgenden drei Sätze haben den gleichen
Satzanfang. Streiche zwei Satzanfänge durch
und überlege dir neue.
Schreibe die überarbeiteten Sätze dann auf.

Bischof Hatto war nämlich habgierig und geizig. Bischof Hatto ließ die Armen
einfach verhungern, anstatt ihnen zu helfen. Bischof Hatto hatte aber auch
Angst vor den hungernden Menschen.

_____

_____

_____

_____

_____

3 Im folgenden Satz stimmt die Wortstellung nicht. Streiche den Satz durch
und schreibe ihn dann richtig auf.

Er fürchtete, dass sie seine Kornspeicher plündern und Schätze könnten.

_____

_____

Darum wollte er die Armen loswerden. Dazu hatte er sich einen hinterlistigen Plan
ausgedacht. Seine Leute erzählten überall in Mainz, dass Hatto jetzt doch noch Brot
und Korn verteilen würde.

4 Hier steht eine umgangssprachliche Formulierung, die nicht in eine Nacherzählung gehört. Streiche sie durch und schreibe eine bessere Formulierung auf.

Alle Hungernden sollten zu einer großen Scheune vor der Stadt kommen, um was zwischen die Backen zu kriegen.

_____

_____

5 In den nächsten drei Sätzen stehen fünf Verben in der falschen Zeitform. Streiche sie durch und schreibe die drei Sätze dann im Präteritum auf.

Die Menschen freuen sich und kommen in Scharen zu der Scheune. Aber als alle in der Scheune sind, lässt Hatto das Tor verriegeln. Dann zünden seine Soldaten die Scheune an.

_____

_____

_____

_____

6 Setze in den beiden folgenden Abschnitten die Zeichen der wörtlichen Rede ein.

Als die eingesperrten Menschen das Feuer sahen, bekamen sie Angst und schrien um Hilfe. Doch der böse Bischof lachte nur. Hört doch, wie die Mäuse in der Scheune pfeifen , rief er, das geschieht ihnen nur recht!
Da empörte sich Gott über den Bischof. Zur Strafe schickte er ihm eine Mäuseplage ins Haus. Schafft mir die Mäuse vom Hals! , schrie Hatto seine Diener an, als er die Mäuse sah. Aber es half nichts. Tag und Nacht huschten jetzt Tausende Mäuse durch Hattos Haus und fraßen alle seine Vorräte auf. Das hielt der Bischof nicht lange aus. Auf einer Insel im Rhein ließ er sich einen Turm bauen.

7 Im nächsten Textabschnitt fehlen vier Kommas. Füge sie ein.

Er glaubte dass er dort vor den Mäusen sicher wäre aber da hatte er sich gründlich geirrt. Denn nachts schwammen die Mäuse auf die Insel wo sie den hartherzigen Bischof bei lebendigem Leib auffraßen. Die Bingener Bürger aber waren froh dass sie den bösen Bischof endlich los waren.

→ **Eine Sage nacherzählen**

Auf dem Foto seht ihr acht Steine. Sie stehen in Benthe. Das ist ein Dorf am Stadtrand von Hannover. Obwohl es acht Steine sind, heißen sie im Volksmund **„Die sieben Trappen"**, was so viel heißt wie „Die sieben Schritte". Vor vielen Hundert Jahren befand sich an dieser Stelle ein Platz, auf dem öffentlich Gericht gehalten wurde. Um den Platz herum standen die acht Steine. Das waren damals Mahnsteine, die den Angeklagten ermahnen sollten, die Wahrheit zu sagen. Irgendwann wurde auf dem Platz aber nicht mehr Gericht gehalten, und die Bedeutung der Steine geriet in Vergessenheit. Da die Menschen nun nichts mehr von dem alten Gerichtsplatz wussten, versuchten sie, die geheimnisvollen Steine durch eine Sage zu erklären.

1 Lies dir die Sage von den sieben Trappen zuerst einmal aufmerksam durch.

Die sieben Trappen

Ein Bauer ging einmal mit seinem Knecht durch die Felder. Sie unterhielten sich prächtig über das Getreide, die Gemüseernte und über das Vieh. Als sie an die Stelle kamen, wo jetzt die sieben Steine stehen, fiel dem Knecht plötzlich ein, dass er von dem Bauern noch einen Teil seines Lohns zu bekommen hatte. Er dachte, die Ge-
5 legenheit sei günstig, und so fragte er: „Herr, wann bekomme ich eigentlich den Rest meines Lohnes? Ihr habt ihn mir schon vor einiger Zeit versprochen. Das Geld aber habe ich immer noch nicht."

Der betrügerische Bauer aber tat so, als könnte er sich daran überhaupt nicht mehr erinnern. Ja, er behauptete sogar, dem Knecht sein Geld längst gegeben zu haben. Doch der Knecht ließ sich nicht in die Irre führen und blieb bei seiner Behauptung. Noch einmal forderte er sein wohlverdientes Geld. Da wurde der Bauer zornig und rief: „Was redest du da? Deinen Lohn habe ich dir längst gezahlt! Und wenn das nicht die reine Wahrheit ist, dann soll mich beim siebten Schritt der Teufel holen!" Der Knecht aber hatte es mit der Angst zu tun bekommen und schwieg. Doch als der verlogene Bauer gerade den siebten Schritt gemacht hatte, da war ein fürchterliches Donnern und Krachen zu hören. Plötzlich öffnete sich die Erde unter dem Bauern und verschlang den Betrüger vor den Augen seines Knechts.

Damit dieses Ereignis nicht in Vergessenheit geriet und auch zur Mahnung für alle Betrüger, stellten die Bürger von Benthe die sieben Steine auf. Darum wird dieser Platz **Die sieben Trappen** genannt. Und selbst heute noch behaupten die Menschen in Benthe, dass es nachts bei den Trappen spuken würde. In der Dämmerung oder gar in der Nacht will bis heute niemand dort vorbeigehen.

2 Lies die Sage jetzt noch **ein zweites Mal**, damit du sie nachher gut nacherzählen kannst.

3 Du sollst die folgende Nacherzählung zu der Sage „Die sieben Trappen" vervollständigen. Der Anfang und das Ende der Nacherzählung sind schon fertig. Der Mittelteil fehlt aber noch. Den sollst du selbst schreiben. Nimm dir dazu ein extra Blatt.
Schreibe also **Abschnitt B** der Sage so auf, wie **du** ihn erzählen würdest.

Die folgende **Checkliste** kann dir beim Nacherzählen eine Hilfe sein:

CHECKLISTE: NACHERZÄHLUNG

Beim schriftlichen Nacherzählen geht es darum, eine Geschichte in eigenen Worten noch einmal zu erzählen und aufzuschreiben. Beachte dabei die folgenden Tipps:
- ✓ Lies dir die Sage mindestens zweimal aufmerksam durch.
- ✓ Schließe beim Schreiben das Arbeitsheft oder decke die Sage mit einem Blatt ab. Schau nur noch in den Originaltext, wenn du nicht mehr weiterweißt.
- ✓ Erzähle die Handlung der Sage in der **richtigen Reihenfolge**.
- ✓ Schreibe deine Nacherzählung hauptsächlich **im Präteritum**.
- ✓ Verwende hin und wieder **wörtliche Rede** und **Gedankenrede**. Schreibe also auf, was die Figuren denken oder sagen.
- ✓ Denke daran, deine Nacherzählung am Ende zu **überarbeiten**. Schreibe deinen Textentwurf dazu in die linke Spalte eines längs gefalteten DIN-A4-Blattes. In der freien rechten Spalte kannst du dann später deine Verbesserungsvorschläge notieren.

Nacherzählung: Die sieben Trappen

Der Anfang der Sage:
Einmal ging ein Bauer mit seinem Knecht durch die Felder. Sie sprachen über alles Mögliche: über das Vieh und über die Ernte. Während sie sich unterhielten, fiel dem Knecht plötzlich etwas ein. Er hatte nämlich noch immer nicht seinen ganzen Lohn von dem Bauern bekommen. Weil der Bauer gut gelaunt war, dachte der Knecht, es wäre gut, ihn jetzt gleich zu fragen. „Wann bekomme ich eigentlich den restlichen Lohn?", fragte er den Bauern ganz freundlich. „Ich warte doch schon so lange auf mein Geld."

Das Ende der Sage:
Die Benthener Bürger wollten, dass niemand vergisst, was mit dem betrügerischen Bauern passiert ist. Darum haben sie genau an jener Stelle sieben Steine aufgestellt. Den Ort haben sie „Die sieben Trappen" genannt. Da soll es aber wirklich spuken. Nachts geht da jedenfalls keiner freiwillig vorbei.

→ Einen Antwortbrief schreiben

Absender

Die Klasse 5b hat die Zusage für die Durchführung einer Lesenacht erhalten.
Für die genaue Planung müssen sie aber noch einige Fragen der Leiterin der
Bibliothek beantworten. Darum haben Lisa, Ulli, Curt und Sebastian am Computer
einen Antwortbrief aufgesetzt, der beim Abspeichern durcheinandergeraten ist.

1 Lies die Textteile zunächst aufmerksam.

Anschrift des Emp-
fängers/Adressaten

Lesenacht der Klasse 5b

Viele Grüße senden Ihnen im Namen der Klasse

Lisa, Ulli, Curt und Sebastian

Unsere Lesenacht soll unter dem Motto „Märchenhaftes und Unglaubliches" stehen.
Dafür wollen wir in Gruppen aus unseren Lieblingsbüchern die schönsten
Geschichten vorstellen und nach neuen Geschichten in der Bibliothek stöbern.
Wenn dann die Uhr zur Geisterstunde schlägt, dürfen die unglaublichsten
Geschichten aus jeder Gruppe auf spannende Art und Weise vorgetragen werden.
Dazu brauchen wir für Hintergrundmusik oder spezielle Geräusche noch mindestens
einen CD-Player. Gibt es überhaupt einen CD-Player in der Bibliothek?

Betreffzeile

Klasse 5b
Erich-Viehweg-Mittelschule
Altenhainer Str. 34
09669 Frankenberg

Anrede,

Dank für den
erhaltenen Brief

vielen Dank für Ihren Brief. Wir freuen uns wirklich sehr über Ihre Zusage
für unsere Lesenacht!
Nun möchten wir zuerst einmal Ihre Frage beantworten, welche Ideen wir für
den Ablauf unserer Lesenacht bereits haben. Also, wir stellen uns das so vor:

Freude über
die Zusage

Beantwortung
der gestellten Frage
in der richtigen
Reihenfolge

Zum Schluss haben wir noch eine wichtige Frage: Bis wann müssen wir die
Bibliothek verlassen haben?
Für Ihre Unterstützung möchten wir uns schon jetzt ganz herzlich bedanken.

Stadtbibliothek Frankenberg
Frau Helk
August-Bebel-Straße 1a
09669 Frankenberg/Sa.

Sehr geehrte Frau Helk,

13.4.20..

selbst noch wichtige
offene Fragen stellen

sich für die Hilfe
bedanken

2 Ordne nun die Textteile mit Hilfe des Briefrasters (siehe rechts am Rand),
indem du sie in der richtigen Reihenfolge nummerierst.

Grußzeile

3 Schreibe jetzt die geordneten Briefteile als vollständigen Antwortbrief auf.

Unterschrift

(Datum)

→ Einen Sachtext mit Hilfe der 6-Schritt-Lesemethode erarbeiten

Die letzten Drachen

Auf der indonesischen Insel Komodo leben die letzten „Drachen" – die seltenen Komodowarane. Diese Riesenechse, die mit unseren Eidechsen verwandt ist, kann über drei Meter lang werden. Mit leerem Magen wiegt sie 50 kg, in vollgefressenem Zustand bringt sie über 100 kg auf die Waage. Ein Komodowaran hat einen graubraunen bis olivgrünen Körper, einen langen, dicken Schwanz und sehr spitze Zähne.

Insel Komodo

Der Komodowaran ernährt sich von kleinen Säugern und Vögeln, aber auch von großen Tieren wie Wildschweinen, Hirschen und sogar Wasserbüffeln. Dabei mag er Aas lieber als frisches Fleisch. Selten tötet und frisst er seine Beute sofort. Vielmehr lauert er ihr an Wildwechseln auf und versucht, sie zu beißen. Gelingt ihm das, ist es egal, ob sein Opfer danach fortläuft. Denn im Speichel des Warans sind so viele Bakterien enthalten, dass sein Biss giftig ist. Das gebissene Tier stirbt wenig später. Mit Hilfe seiner Zunge, mit der er über eine Entfernung von bis zu 1,6 km Aasgeruch wittern kann, findet der Waran sein verendetes Opfer wieder und kann es nun fressen.

Die Weibchen dieser Echsenart legen im Sommer etwa 20 Eier, die sie in der Erde vergraben. Wenn die Jungen schlüpfen, sind sie 40 cm lang. Von Anfang an müssen sie sich selbst versorgen. Die ersten fünf bis sieben Lebensjahre verbringen die jungen Warane auf Bäumen, weil sie dort sicherer vor Feinden sind. Erst mit der Geschlechtsreife und einer Länge von ungefähr 1,50 Meter gesellen sie sich zu ihren erwachsenen Artgenossen am Boden.

1 Erarbeite dir diesen Text mit der **6-Schritt-Lesemethode**. Gehe folgendermaßen vor:

1. Schritt: Verschaffe dir zunächst einen Überblick darüber, worum es in dem Text ungefähr geht. Dafür musst du ihn einmal mit den Augen überfliegen, ohne ihn genau zu lesen.

2. Schritt: Lies nun jeden Absatz gründlich. Unterkringele dabei Wörter, die du nicht verstehst. Markiere oder unterstreiche Stellen, die du dir merken möchtest.

3. Schritt: Kläre Wörter, die du nicht verstehst, mit Hilfe eines Wörterbuches (Fremdwörter) oder mit einem Partner.

4. Schritt: Formuliere für jeden der drei Absätze eine Zwischenüberschrift und schreibe sie darüber.

5. Schritt: Notiere dir nun zu jedem Absatz die wichtigsten Informationen in Stichwörtern. Dabei helfen dir bestimmt die Stellen, die du beim gründlichen Lesen markiert oder unterstrichen hast (2. Schritt).

6. Schritt: Decke nun den Text zu und gib ihn mit eigenen Worten wieder. Nutze dazu deine Stichwörter.

→ Zwei Pläne vergleichen

Was Sevim nächste Woche vorhat:

	Montag	Dienstag	Mittwoch	Donnerstag	Freitag
14.00				Schwimmen	
15.00	Hausaufgaben	Hausaufgaben	Hausaufgaben	Hausaufgaben	
16.00	Voltigieren				
17.00				Ballett	
18.00	Basketball	Theatergruppe			Basketball

Was Felix nächste Woche vorhat:

	Montag	Dienstag	Mittwoch	Donnerstag	Freitag
14.00	Nachhilfe	Hausaufgaben	Hausaufgaben	Hausaufgaben	
15.00		Judo		Judo	
16.00				Posaunenchor	
17.00	Fußball		Fußball		
18.00		Theatergruppe			

Sevim möchte sich nächste Woche einmal mit Felix treffen, um mit ihm gemeinsam zum Unterrichtsprojekt über Wale eine Schautafel zusammenzustellen.
Sie ruft ihn am Sonntag an und fragt: „Wann können wir denn in der nächsten Woche einmal an unserem Projekt über Wale arbeiten? Wir brauchen ja nur ungefähr zwei Stunden dafür. Ich habe so tolle Ideen! Am Freitag könnte ich am besten."
Felix antwortet: „Da muss ich mal in den Kalender gucken. Ja, am Freitag, da kann ich auch. Aber warte mal! Nein, das geht doch nicht! Da kommt ja mein Opa zu Besuch. Aber vielleicht morgen?"
„Tut mir leid", sagt Sevim. „Da muss ich zum Voltigieren."

1 Wann haben Sevim und Felix denn eigentlich Zeit, um für zwei Stunden an ihrem Projekt zu arbeiten? Lies den Text genau durch.
Vergleiche dann die Pläne. Überlege, wie lange sie immer für eine Sache brauchen, die in ihren Plänen steht. Schreibe dann auf:
Am ... von ... bis ungefähr ... Uhr könnten sich Sevim und Felix treffen.

→ Eine Verlustanzeige ausfüllen

1 Stell dir vor, bei einem Stadtbummel hast du etwas verloren, was dir lieb und wichtig ist: Handy, Armband, MP3-Player, Sonnenbrille, Handtasche, Fotoapparat ... Im Internet gibst du deshalb beim städtischen Fundbüro eine Verlustanzeige auf. Fülle das Formular aus.

Verlustanzeige

Daten zur Person:

Anrede *(z. B. Frau)* _____

Vorname *(z. B. Sabine)* _____

Nachname *(z. B. Mustermann)* _____

Straße und Hausnummer *(z. B. Musterallee 7a)* _____ _____

Postleitzahl und Ort *(z. B. 12345 Musterstadt)* _____ _____

Telefon, Vorwahl und Rufnummer *(z. B. 01234-50001)* _____ – _____

E-Mail *(z. B. sabine@mustermann.de)* _____

Wann und wo wurde der Gegenstand verloren?

Ich habe **am** *(z. B. 10.08.2010)* ☐☐ . ☐☐ . ☐☐☐☐

um *(z. B. 12:30)* ☐☐ : ☐☐ Uhr

in *(z. B. Musterstadt, Stadtpark)* _____

den nachfolgend **beschriebenen Gegenstand** verloren.

Wert des Gegenstandes *(z. B. 25 €)* _____ €

Kurzbezeichnung *(z. B. Portemonnaie)* _____

Genaue Beschreibung, besondere Merkmale:
(z. B.: rotes Leder-Portemonnaie mit Reißverschluss; Inhalt: etwa 10,- €, Hundefotos, Schülerausweis)

_____

_____

Wahrscheinlich habe ich den Gegenstand **auf folgende Weise verloren**: *(z. B. beim Spaziergang)*

_____

→ Gegenstände beschreiben

Gegenstandsbeschreibung

Beim Beschreiben von Gegenständen beachte Folgendes:
Nenne die genaue **Bezeichnung** des Gegenstands.
Beschreibe dann **Form**, **Größe**, **Farbe**, **Material** und **Einzelteile**.

Wichtig sind auch **besondere Merkmale**, durch die sich der Gegenstand von anderen unterscheidet.

Verwende **Fachwörter**. Wähle treffende **Verben** und **Adjektive**.
Schreibe im **Präsens**.

1 „Emma" und „Wölfi" sind die Maskottchen (Glücksbringer) vom BVB Dortmund und vom VfL Wolfsburg. Betrachte die beiden Abbildungen genau und mache dir Notizen:

	„Emma"	**„Wölfi"**
	Stofftier „Emma"	
Bezeichnung:	*Biene*	
Form und Größe:	*ca. 35 cm*	*ca. 22 cm*
Material und Farben:		*dunkel- und hellbrauner Plüsch*
Kleidung:		
besondere Merkmale:		

2 Wähle ein Maskottchen aus und beschreibe es in einem zusammenhängenden Text.
Ich beschreibe das Maskottchen des … Es heißt … und ist ein …
Das Stofftier ist etwa … cm groß und besteht aus …

→ **Tiere beschreiben**

1 Lies den Informationstext über die Meisen und sieh dir die Vögel auf der Abbildung genau an.

Meisen

Meisen sind sehr lebhafte und anpassungsfähige Kleinvögel. Sie sind
gedrungen und haben kräftige, kurze Schnäbel. Sie können gut klettern
und suchen sich ihre Nahrung, Insekten und Sämereien, vor allem in
Sträuchern und Bäumen. Sie zählen zu den Höhlenbrütern.

5   Bei uns in Deutschland leben viele unterschiedliche Meisenarten.
Hauben- und Tannenmeisen lieben Nadelgehölze, während Kohl-, Blau- und
Schwanzmeisen Mischwälder bevorzugen. Sie leben häufig in unseren Gärten
und Parks und lassen sich gern von den Menschen füttern.

Haubenmeise

Tannenmeise

Blaumeise

Schwanzmeise

Kohlmeise

♂   ♀

2 Hier sind drei Kurzbeschreibungen zu den abgebildeten Meisenarten.
Ordne sie den Bildern zu und schreibe die richtige Bezeichnung auf.

Meisenart	Größe	Aussehen und besondere Merkmale
1) _____	ca. 11,5 cm	*weiße Unterseite, bräunliche Flügel,*
		schwarzer Halsring, große schwarz-weiß gesprenkelte
		Kopfhaube

Meisenart	Größe	Aussehen und besondere Merkmale
2) _____	ca. 14 cm	gelbe Unterseite, blaue Kappe,
		Flügel und Schwanz kobaltblau,
		schwarzer Augenstrich
3) _____	ca. 14 cm	langer Schwanz,
		weißer Kopf (auch mit schwarzen Augenstreifen),
		helle Unterseite, schwach rotbraun gefärbt

ca. 14 cm

3 Zwei Meisenarten fehlen noch. Beschreibe sie nun ebenfalls stichwortartig.
Nutze dazu die folgende Materialsammlung:

gelb	weiß	hell	Kopf	Wangen	Unterseite	Flügel
schwarz	kobaltblau	bräunlich	Kappe	Hals, Halsring	Bauchstreif(-en)	Schwanz

Meisenart	Größe	Aussehen und besondere Merkmale
4) _____	ca. 14 cm	_____
		_____
		_____
		_____
		_____
5) _____	ca. 11,5 cm	_____
		_____
		_____
		_____
		_____

4 Beschreibe eine der abgebildeten Meisen
in einem zusammenhängenden Text.
Nutze dazu auch den Informationstext
auf Seite 22 oben. Du könntest so beginnen:

Die Kohlmeise

Die Kohlmeise ist ein lebhafter Kleinvogel mit einem …
Sie wird etwa 14 cm groß …

→ **Meinen Lieblingsplatz beschreiben**

Mein Wunschlieblingsplatz

Ich habe leider keinen Lieblingsplatz. Aber ich war einmal bei meiner Tante auf ihrem alten Segelschiff im Museumshafen, dort hat es mir gut gefallen. Wenn ich mir einen Lieblingsplatz wünschen könnte, dann wäre er dort auf dem Schiff. Ich stelle mir das so vor:

Ich bin unten in der Koje und liege in der Hängematte. Ich schaue aus dem _____

Bullauge auf das _____ Wasser im Hafen. Da sehe ich dann die anderen _____

Museumsschiffe. Manchmal kommt auch ein _____ Schiff vorbei, mit dem die Leute

einen Ausflug machen. Sie stehen oben an Deck und winken den Menschen an der Hafenmauer zu. Wenn so ein

Schiff _____ an meinem Bullauge vorbeifährt, brummt und rumpelt es, und die Wellen poltern

an die Schiffswand. Mein _____ Kahn fängt dann an zu zittern und die Hängematte schaukelt

hin und her. Gut, hier unten ist so ein _____ Geruch. Der kommt daher, dass das alte Schiff et-

was _____ riecht. Aber ich mag diesen Geruch. Und es stört mich auch nicht, wenn ich manch-

mal die _____ Maus sehe, die unter mir über den Boden huscht. Es ist meine Schiffsmaus.

1 Setze in die Lücken **Adjektive** ein, die den Text anschaulicher machen. Hier findest du eine Auswahl:
klein modern rund nah komisch braun still modrig alt grau schmutzig weiß morsch

2 Füge im zweiten Teil des Textes folgende **Verben** an den passenden Stellen ein.
liegen schaukeln schwappen hören ziehen dümpeln
lachen losfahren besichtigen segeln träumen knarren

Meistens _____ ich in der Hängematte. Ich _____ an dem Seil, das

von der Decke hängt, und _____ damit. Dann _____ das Holz.

Das Wasser _____ an die Schiffswand. Und draußen an der Hafenmauer

_____ ich die Kinder _____ , wenn sie die Museumswerft besuchen.

Manchmal _____ ich, dass ich mit dem Schiff _____ – bis nach Dänemark

hinüber. Aber das geht leider nicht, denn das Schiff _____ nur noch im Hafen, damit

es die Leute _____ können. Man kann damit schon lange nicht mehr

_____ . Aber träumen darf man ja.

→ **Einen Text überarbeiten**

Mein Lieblingsplatz

Vor unserer Flurtür ~~ist~~ eine Treppe, die geht zum   *befindet sich* _____
Hinterhof runter, und unter der Treppe ist ein
Hohlraum. Auf der hinteren Seite ist eine Mauer,   _____
auf der vorderen Seite ist der Raum offen. Dort
5 haben Joschi und ich uns manchmal versteckt.   _____
Aber jetzt ist dort unser Lieblingsplatz. Wir haben
ihn nämlich super eingerichtet und treffen uns   _____
manchmal dort.

Jetzt ist ein alter Teppich auf dem Boden. An der   _____
10 hinteren Wand ist eine Gardine, die meine Mutter
wegschmeißen wollte. Vor dem Eingang ist eine   _____
Zeltplane, die können wir auf- und zuziehen. Mit-
tendrin ist ein uralter Sessel, den wir vom Sperr-   _____
müll geholt haben. Sogar ein kleiner Tisch ist da.
15 Darauf ist eine Kerze. Die zünden wir manchmal   _____
an. Das ist echt gemütlich. Manchmal hören wir
Musik aus dem alten Radio oder quasseln mitein-   _____
ander.

Wenn ich alleine bin, gehe ich auch manchmal   _____
20 dorthin. Ich lasse die Zeltplane vor dem Eingang
nur einen kleinen Spalt offen und sehe hinaus in   _____
den Hinterhof. Ich sehe die Leute. Dann höre ich
manchmal, über wen sie so quatschen. Und keiner   _____
weiß, dass ich sie sehe, weil sie mich nicht sehen
25 können. Ja, dieser Platz ist toll. Ich finde ihn super.   _____

1 In diesem Text werden einige Wörter zu oft wiederholt:
ist, manchmal, sehen. Unterstreiche diese Wörter oder markiere sie;
dann siehst du, wie oft sie vorkommen.

2 An einigen Stellen solltest du diese Wörter gegen andere
austauschen, die genauer sagen, was gemeint ist.
Streiche im Text die Wörter durch, die du ersetzen
möchtest, und schreibe andere an den Rand.   **3** An sechs Stellen findest du im Text
Manche von ihnen kannst du natürlich stehen lassen.   Ausdrücke markiert, die eher umgangs-
sprachlich sind.
Für diese Ausdrücke kannst du Wörter
am Rand notieren, die besser passen,
zum Beispiel:

ist:	**manchmal:**	**sehen:**
befindet sich	*ab und zu*	*gucken*
gibt es	*öfter*	*schauen*
haben wir	*oft*	*beobachten*
liegt	*hin und wieder*	*belauschen*
hängt	*von Zeit zu Zeit*	*erkennen …*
haben aufgehängt	*gelegentlich*	
steht …	*dann und wann …*	

reden	*sehr schön*
sprechen	*wunderbar*
wegwerfen	*herrlich*
gut	*merkwürdige Dinge*
sehr	

1 Vervollständige das folgende Gedicht mit den passenden Versen.
Wenn du auf Paarreime achtest, wird dir die Zuordnung leichter fallen!

Am einunddreißigsten Februar

Hans Baumann

Am einunddreißigsten Februar

wird schwarze Tinte _____

die Schnecken gewinnen _____

beim Wettlauf _____

aus Mauslöchern _____

zur Schule gehn _____

und Stühle gehn _____

neben den Zebrastreifen _____

ein Bus sagt _____

zu zwei Polizisten: _____

Verkehrsschilder suchen sich _____

im Supermarkt laufen _____

das Rathaus bekommt _____

es geht eben alles _____

denn faustdicke Lügen _____

am einunddreißigsten Februar.

kommen Elefanten,

ein Versteck,   auf allen vieren

gegen die Hasen   die Kassen weg,

drunter und drüber –   auf dem Stadionrasen,   einen Nasenstüber,

statt der Kinder die Tanten,   werden wahr   „Hier wird nicht geparkt!"

spazieren,   auf dem Gemüsemarkt   wie Wasser klar,

→ **Ein Gedicht sinngemäß ergänzen**

Der Mann im Schnee

Josef Guggenmos

Winter ist es. Draußen _____   *sitzt, geht, steht*

einer, der nicht weitergeht.

Verlassen steht er dort im Schnee,

der dicke Mann. Geh zu ihm, los _____ ,   *geh, mach schon*

und sprich mit ihm! Sag: „Guten _____ !   *Tag, Abend, Morgen*

Wie geht es Ihnen?" Oder frag:

„Wie spät ist es? Wo sind Sie her?

Wie heißen Sie? Liegt Bonn am _____ ?   *Rhein, Strand, Meer*

Wie viel ist drei mal drei und _____ ?   *acht, sechs, vier*

Was ist der Kürbis für ein _____ ?"   *Tier, Ding, Mensch*

Stelle ihm noch tausend Fragen –

Keine Antwort wird er _____ .   *geben, nennen, sagen*

Er bleibt _____ .   *ruhig, still, stumm*

Nimm's nicht krumm.

Er weiß nicht einmal, wie's ihm geht,

der weiße Mann, der draußen _____ .   *sitzt, steht, geht*

1 Ergänze dieses Gedicht sinngemäß, indem du aus den Wörtern am Rand immer das passende auswählst.
Schreibe deine ausgewählten Wörter auf. Tipp: Der Reim des Gedichtes kann dich sicher auf die richtige Spur bringen!

2 Lies deinen Text nun einmal halblaut vor dich hin.
- Bist du von deiner Auswahl überzeugt?
- Ist inhaltlich alles stimmig?

3 Überprüfe dein Ergebnis zum Schluss auch anhand des Originalgedichtes von Josef Guggenmos im Lösungsteil.

→ Sich in literarische Figuren einfühlen

Elisabeth Stiemert

In der Talstraße wohnte ein Junge, vor dem alle Angst hatten. Der Junge wohnte hier noch nicht lange. Er war größer als die anderen Kinder, und er saß auf der Treppe vor seinem Haus einfach so da.

Jeden Tag saß der Junge da auf der Treppe, und er machte meistens ein böses Ge-
5 sicht. Sonst machte er nichts.

Manchmal spuckte er allerdings, aber nur auf die Straße. Manchmal pfiff er auch laut. Er steckte zwei Finger in seinen Mund und pfiff dann wirklich ganz laut. Manch-mal boxte er auch in die Luft. Mit zwei Fäusten boxte er vor sich hin, als ob jemand da wäre, den er so boxte. Aber er saß immer auf der Treppe dabei.
10 Trotzdem hatten die anderen Angst.

Wenn die Kinder aus der Talstraße einkaufen mussten, gingen sie nicht an dem Jun-gen vorbei. Sie gingen hinüber auf die andere Seite der Straße. Und wenn der Junge zu ihnen hinsah, liefen sie schneller. Manche glaubten, er hätte ein Messer. Manche glaubten auch, er nähme ihnen das Geld, das sie zum Einkaufen brauchten. Und Spiel-
15 sachen machte er sicher kaputt. Ein Junge, der immer so böse guckte, machte sicherlich alles kaputt. Und bestimmt haute er kleinere Kinder.

1 Über den Jungen aus der Talstraße erfährst du verschiedene Einzelheiten. Notiere dir dazu Stichwörter.

Junge aus der Talstraße

wohnt noch nicht lange in der Talstraße _____

_____

_____

2 Versuche einmal, mit deinen Worten zu erklären, weshalb die anderen Kinder Angst vor dem Jungen haben. Lies dazu die Zeilen 13–16 noch einmal aufmerksam.

_____

_____

3 Was denkst du:
Ist die Angst der Kinder berechtigt?
Schau noch einmal auf deine Stichwörter aus Aufgabe 1 und begründe deine Meinung.

Und so geht die Geschichte weiter:

Einmal kam ein Kind zu Besuch in die Talstraße, und nach dem Kaffeetrinken
kam das Kind heraus. Es hatte seinen Ball mitgebracht und wollte sehr gern spielen.
Das Kind ging mit dem Ball zu dem Jungen. Es wusste ja nicht, dass die anderen vor
20 ihm Angst hatten.

„Wollen wir spielen?", fragte das Kind den Jungen. Der Junge guckte erstaunt. Dann
stand er auf von der Treppe und lachte.

„Los", sagte der Junge, „wir spielen Torschießen!"

Die anderen Kinder aus der Talstraße sahen sich an, wie der Junge mit dem fremden
25 Kind spielte. Sie standen weit weg.

Aber sie sahen, dass der Junge auch lachte.

Vielleicht hat der Junge kein Messer, dachten sie jetzt. Vielleicht nimmt er kein Geld
weg. Vielleicht macht er auch gar nichts kaputt, und sicherlich haut der Junge auch
keinen.

30 Morgen wollten sie ihn fragen ...

4 Weshalb hat das Besucher-Kind **keine** Angst vor dem Jungen?
Suche die entsprechende Textstelle und markiere sie.

5 Was könnten die anderen Kinder den Jungen morgen fragen?

6 Welche Frage würdest **du** dem Jungen gern einmal stellen?

7 Gib der Geschichte eine Überschrift, die neugierig macht,
aber noch nicht alles verrät.

8 Du kannst diese Geschichte auch einmal aus der **Ich-Perspektive** erzählen.
Wähle von den beiden Möglichkeiten eine aus und schreibe die Geschichte auf.
Die Textanfänge kannst du nutzen.

Der Junge erzählt:
*Manchmal hatte ich Langeweile. Das kam daher, weil
ich noch keine Freunde in der Talstraße gefunden hatte.
Also setzte ich mich ...*

Ein Mädchen / ein Junge erzählt:
*Vor ein paar Wochen ist ein Junge zu uns in die
Talstraße gezogen. Mit dem Jungen war das so: ...*

9 Hier sind einige Behauptungen
über die Kinder aus der Talstraße.
Welche von ihnen sind richtig?
Es sind drei.

a) Die anderen Kinder haben Angst, weil der Junge ein Messer hat.
b) Sie haben Angst, weil er ein böses Gesicht macht.
c) Sie fürchten sich vor ihm, weil er ständig andere Kinder boxt.
d) Sie fürchten sich vor ihm, weil er alles kaputt macht.
e) Sie haben Angst, weil sie glauben, dass er ihnen Geld wegnimmt.
f) Sie vermuten, dass der Junge kleine Kinder haut.

→ Ein Märchen sinnerfassend lesen

1 Die Wörter des folgenden Märchens sind an den unmöglichsten Stellen getrennt worden. Du kannst das Märchen trotzdem lesen und verstehen! Gehe dabei am besten satzweise vor:
- Nimm dir einen Bleistift. Markiere mit einem senkrechten Strich die Stellen, an denen ein neues Wort beginnt.
- Lies nun den Satz noch einmal und erfasse seine Bedeutung.
- Wenn du alle Sätze so bearbeitet hast, liest du dir den gesamten Text laut und sinnbetont vor.

DieSt ernt aler

Eswa rein ma lein klein esMäd chen, dem warenVa teru nd-
Mut terge storben, undes wars oarm, dasses keinKäm mer-
chen mehrhat te, dar inzu wohnen, undke in Bett chenmehr,
darin zuschla fen, und end lichgar ni chts meh rals dieKlei
5 der au fdem Leibu nde in Stück chenBrot ind er H and, dasi
hmein mit leidi gesHerz gesche nkthat te.

Eswa raber gutu ndfro mm. U ndwe iles sovona llerWelt
ve rlass enwar, gin gesi m Vertr auen aufde nlie benGo tt
hi nausi nsFe ld. Dabe gegne teih mein ar merM ann, ders
10 prach: „Ach, gi bmir e twa szues sen, ichb insohu ngrig.“
Esreich teihm dasga nze S tück chenBro tun dsag te: „Got tse
gned ir's“, undgin gweit er. Daka mein Kin d, dasjam merteu
ndspra ch: „Esf riert mi chsoan mein emKop fe, schenkmi
retwas, wo miti chihn bed eck enka nn.“ Data tessein e Müt
15 zeab un dgabs ie ihm. U ndal sesno chei neWe ileg egang
enwar, kamwie derein Kin dund ha ttek einLei bchen¹ anu
ndfror: Daga be sihm sei ns; undno chwe it er, daba tein
sume in Röc klein, dasga be sa uchvo nsich hin.

En dlichge lan gte esi nei nenW ald, un des warscho
20 ndunk elgew orden, daka mno ch ein s undba tume inHem
dlein, undda sfr omm eMä dche nda chte: „Esi stdun kleNa
cht, das ieht di chni ema nd, duka nnstwo hldei nHem dlein
we gg eben“, undzo gdas Hem dabu ndga bes au ch noc hhin.

Un dwi ee ssos tan du ndga rnic hts me hrhat te, fi e lena
25 ufei nma ldi eSte rnevo mHim mel, un des wa re nlau terhar
te, blank eTa ler: un dob esglei chsei nHem dlein weg geg eb
en, so ha ttee se inneu esa n, und da swar vo mal lerfe insten
Li nnen². Das amme ltees si chdi eTale r einu ndwa rrei chfü
rse inLe btag.

¹ Leibchen = hier: Jäckchen
² Linnen = Leinen

2 Markiere die folgenden Märchenbausteine farbig im Text:

Anfangsformel ■   *weiter Weg* ■

Verwandlung ■   *Schlussformel* ■

→ Märchen entflechten

1 Im folgenden Text sind zwei Märchen miteinander verflochten.
Lies dir den ganzen Text zunächst einmal in Ruhe durch.

Es war einmal ein armes frommes Mädchen, das lebte mit seiner Mutter allein, und sie hatten nichts mehr zu essen. Es war einmal eine kleine Schnecke, die hatte sich in der dunklen Nacht ver-
5 laufen. Sie war unheimlich traurig, weil sie nicht den Weg nach Hause finden konnte.

Da ging das Kind hinaus in den Wald, und da begegnete ihm eine alte Frau, die wusste seinen Jammer schon und schenkte ihm ein Töpfchen, zu dem
10 sollte es sagen: „Töpfchen, koche", so kochte es guten süßen Hirsenbrei, und wenn es sagte: „Töpfchen, steh", so hörte es wieder auf zu kochen. Plötzlich entdeckte sie ein Licht. Ein geheimnisvolles grünes Licht schwebte durch den Wald. War
15 dies ein Zauberwald? War sie verrückt geworden? Hatte sie zu viele Salatblätter gefressen? Was war das bloß? Das Mädchen brachte den Topf seiner Mutter heim, und nun waren sie ihrer Armut und ihres Hungers ledig und aßen süßen Brei, sooft sie
20 wollten. Auf eine Zeit war das Mädchen ausgegangen, da sprach die Mutter: „Töpfchen, koche",

da kocht es, und sie isst sich satt; nun will sie, dass das Töpfchen wieder aufhören soll, aber sie weiß das Wort nicht. Es war ein Glühwürmchen.
25 Ein kleines Insekt, das voller Licht strahlte und in warmen Sommernächten den Himmel erleuchtete. Und es hilft damit allen, die sich in der Dunkelheit verlaufen haben. Also kocht es fort, und der Brei steigt über den Rand hinaus und kocht immerzu,
30 die Küche und das ganze Haus voll, und das zweite Haus und dann die Straße, als wollt's die ganze Welt satt machen, und ist die größte Not, und kein Mensch weiß sich da zu helfen. Dadurch gelang es der kleinen Schnecke, nach Hause zu finden. End-
35 lich, wie nur noch ein einziges Haus übrig ist, da kommt das Kind heim und spricht nur: „Töpfchen, steh", da steht es und hört auf zu kochen; und wer wieder in die Stadt wollte, der musste sich durchessen. Und wenn sie nicht gestorben ist, dann lebt
40 sie noch heute quietschvergnügt in ihrem Schneckenhaus.

2 Lies den Text nun noch einmal. Verfolge dabei zunächst nur die Spur **eines** Märchens.
Markiere alles, was deiner Meinung nach zu diesem Märchen gehört, in einer Farbe.

3 Ordne diesem Märchen nun eine der beiden folgenden Überschriften zu
und markiere diese Überschrift in derselben Farbe.

Der süße Brei   *Das grüne Licht*

4 Lies nun beide Märchen getrennt voneinander laut.

Märchen
haftes und
Unglaub
liches

→ Märchenbausteine und Märchenfiguren finden

1 In diesem Wortgitter sind waagerecht acht Merkmale von Märchen versteckt.
Markiere sie oder rahme sie farbig ein!

A	D	F	S	C	H	L	U	S	S	F	O	R	M	E	L	C	W
M	A	G	I	S	C	H	E	Z	A	H	L	E	N	I	J	V	B
S	D	F	G	E	Ö	N	Y	W	E	I	T	E	R	W	E	G	E
G	U	T	E	U	N	D	B	Ö	S	E	F	I	G	U	R	E	N
I	V	E	R	W	A	N	D	L	U	N	G	R	N	U	P	H	S
Z	K	B	A	N	F	A	N	G	S	F	O	R	M	E	L	S	T
O	L	Z	A	U	B	E	R	S	P	R	U	C	H	S	F	P	A
X	L	Ä	D	E	G	M	Z	A	U	B	E	R	D	I	N	G	E

2 Im folgenden Märchen sind sechs Merkmale enthalten.
- Lies das Märchen still durch und markiere sie.
- Schreibe an den Rand, um welches Merkmal es sich handelt.

Es waren einmal ein Bruder und eine Schwester, die spielten am Wasser. In einem
unbedachten Moment fielen sie hinein und wurden von einer Nixe gefangen.
Die legte ihnen nun schweren Dienst auf und hieß das Schwesterchen Wasser
in ein hohes Fass schütten und den Knaben einen Baum mit einer stumpfen
5 Axt fällen. Darüber wurden die Kinder endlich ungeduldig und entflohen.
Die Nixe aber setzte ihnen nach. Als die Kinder sie erblickten, so warf das
Mädchen eine Bürste hinter sich. Das gab einen großen Bürstenberg, über den
die Nixe mit viel Mühe klettern musste, aber sie schaffte es schließlich doch.
Da warf der Knabe einen Kamm hinter sich, das gab einen Kammberg zwischen
10 ihnen und der Verfolgerin. Allein zuletzt stieg sie doch darüber und wollte die
Kinder greifen. In höchster Not warf nun das Mädchen einen Spiegel hinter sich.
Das ergab einen Glasberg, der war so glatt, dass die Nixe nicht darüberklettern
konnte und wieder zurück in ihr Wasser gehen musste. Froh und glücklich kamen
die Kinder wieder zu Hause an, und wenn sie nicht gestorben sind, dann leben sie
15 noch heute.

3 Formuliere nun für das Märchen eine treffende Überschrift und notiere sie.

4 Der Bandwurm hat zwölf Märchenfiguren verschluckt. Finde sie heraus!
Ziehe senkrecht farbige Trennlinien zwischen den Märchenfiguren.

SCHNEEWEISSCHENROSENROTASCHENPUTTELSCHNEEWITTCHENDÄUMELINCHENWOLFROTKÄPPCHENGROSSMUTTERSIEBENGEISSLEINJÄGERFROSCHKÖNIGPRINZESSIN

→ Ein Märchen zu Ende schreiben

Die Wichtelmänner

Brüder Grimm

Es war ein Schuster ohne seine Schuld so arm geworden, dass ihm endlich nichts mehr übrig blieb als Leder zu einem einzigen Paar Schuhe. Nun schnitt er am Abend die Schuhe zu, die wollte er am nächsten Morgen in Arbeit nehmen; und weil er ein gutes Gewissen hatte, so legte er sich ruhig zu Bett, befahl sich dem lieben Gott und schlief ein. Morgens, nachdem er sein Gebet verrichtet hatte und sich zur Arbeit niedersetzen wollte, standen die beiden Schuhe ganz fertig auf seinem Tisch. Er wunderte sich und wusste nicht, was er dazu sagen sollte. Er nahm die Schuhe in die Hand, um sie näher zu betrachten; sie waren so sauber gearbeitet, dass kein Stich daran falsch war, gerade als wenn es ein Meisterstück sein sollte. Bald darauf trat auch schon ein Käufer ein. Und weil ihm die Schuhe so gut gefielen, bezahlte er mehr als gewöhnlich dafür, und der Schuster konnte von dem Geld Leder für zwei Paar Schuhe kaufen. Er schnitt sie abends zu und wollte den nächsten Morgen mit frischem Mut an die Arbeit gehen. Aber er brauchte es nicht, denn als er aufstand, waren sie schon fertig, und es blieben auch nicht die Käufer aus, die ihm so viel Geld gaben, dass er Leder für vier Paar Schuhe einkaufen konnte. Er fand frühmorgens auch die vier Paar fertig. Und so ging's immer fort, was er abends zuschnitt, das war am Morgen verarbeitet. So hatte er bald wieder sein ehrliches Auskommen und ward endlich ein wohlhabender Mann.

Nun geschah es eines Abends kurz vor Weihnachten, als der Mann wieder Schuhe zugeschnitten hatte, dass er vor dem Schlafengehen zu seiner Frau sprach: „Wie wär's, wenn wir diese Nacht aufblieben, um zu sehen, wer uns da eigentlich hilft?"

Die Frau war damit einverstanden und steckte ein Licht an. Dann verbargen sie sich in der Zimmerecke hinter den Kleidern, die da aufgehängt waren, und passten auf. Als es Mitternacht war, kamen zwei kleine, niedliche nackte Männlein, setzten sich vor des Schusters Tisch, nahmen alle zugeschnittene Arbeit an sich und fingen an, mit ihren Fingerlein so schnell zu stechen, zu nähen und zu klopfen, dass der Schuster vor Verwunderung die Augen nicht abwenden konnte. Sie ließen nicht nach, bis alles fertig war und auf dem Tisch stand, dann sprangen sie schnell fort.

Am anderen Morgen sprach die Frau: „Die kleinen Männer haben uns reich gemacht, wir müssten uns doch dafür dankbar zeigen. Weißt du was?" (...)

1 Schreibe dieses Märchen nun zu Ende.
- Was könnten die Schustersleute den Wichtelmännern Gutes tun?
- Und wie werden die Wichtel wohl reagieren?

→ **Den Mittelteil eines Märchens schreiben**

1 Hier fehlt der Mittelteil des Märchens. Lies dir den Text zunächst einmal durch.

Prinzessin Mäusehaut

Brüder Grimm

Ein König hatte drei Töchter; da wollte er wissen, welche ihn am liebsten hätte, ließ sie vor sich kommen und fragte sie. Die älteste sprach, sie habe ihn lieber als das ganze Königreich; die zweite, als alle Edelsteine und Perlen auf der Welt; die dritte aber sagte, sie habe ihn lieber als das Salz. Der König ward aufgebracht, dass sie ihre
5 Liebe zu ihm mit einer so geringen Sache vergleiche, übergab sie einem Diener und befahl, er solle sie in den Wald führen und töten. Wie sie in den Wald gekommen waren, bat die Prinzessin den Diener um ihr Leben; dieser war ihr treu und würde sie doch nicht getötet haben, er sagte auch, er wolle mit ihr gehen und ganz nach ihren Befehlen tun. Die Prinzessin verlangte aber nichts als ein Kleid von Mäusehaut, und
10 als er ihr das geholt, wickelte sie sich hinein und ging fort. Sie ging geradezu an den Hof eines benachbarten Königs, gab sich für einen Mann aus und bat den König, dass er sie in seine Dienste nehme. Der König sagte es zu, und sie solle bei ihm die Aufwartung haben: Abends musste sie ihm die Stiefel ausziehen, die warf er ihr jedes Mal an den Kopf. Einmal fragte er, woher sie sei. – „Aus dem Lande, wo man den Leuten
15 die Stiefel nicht an den Kopf wirft." Da wurde der König aufmerksam und sprach zu Mäusehaut:

_____

_____

_____

_____

_____

_____

_____

Zu der Hochzeit wurde auch der Vater der Mäusehaut eingeladen, der glaubte, seine Tochter sei schon längst tot, und erkannte sie nicht wieder. Auf der Tafel aber waren alle Speisen, die ihm vorgesetzt wurden, ungesalzen, da ward er ärgerlich und sagte:
20 „Ich will lieber nicht leben, als solche Speise essen!" Wie er das Wort ausgesagt, sprach die Königin zu ihm: „Jetzt wollt ihr nicht leben ohne Salz, und doch habt ihr mich einmal wollen töten lassen, weil ich sagte, ich hätte euch lieber als Salz!" Da erkannte er seine Tochter und küsste sie und bat sie um Verzeihung, und es wär ihm lieber als sein Königreich und alle Edelsteine der Welt, dass er sie wiedergefunden.

2 Schreibe mit deinen Worten auf, warum der Vater seine Tochter verstößt.

_____

_____

_____

_____

_____

3 Wem verdankt Mäusehaut eigentlich ihr Leben und warum ist das so?

_____

_____

_____

_____

4 Welchen ungewöhnlichen Wunsch hat Mäusehaut? Finde eine Begründung dafür.

_____

_____

_____

_____

5 Die Prinzessin ist sich nicht zu fein, eine Arbeit zu suchen. Bei wem bewirbt sie sich und was macht sie dort?

_____

_____

_____

6 Welchen Trick denkt sich die Tochter aus, damit der Vater die Bedeutung von Salz für sich erkennt?

_____

_____

_____

7 Schreibe nun den fehlenden Mittelteil zu diesem Märchen auf.
- Warum wird der König plötzlich aufmerksam? Wähle aus:
  a) Der König erkennt plötzlich, dass sie eine sehr helle Stimme hat.
  b) Er hat noch nie von einem Angestellten eine so gescheite Antwort bekommen.
  c) Der König findet die Antwort frech und empörend.
- Achte darauf, dass deine Fortsetzung zur Hochzeit der beiden führen soll.

→ Eine Fantasiegeschichte erzählen

1 Stell dir vor, du streifst
durch den Wald …

Plötzlich stehst du
vor diesem „Höllenschlund".
- Wie reagierst du?
- Was empfindest du
  bei diesem Anblick?

Du gehst durch das Maul
und betrittst das Innere.
- Wie ist dir dabei zumute?
- Was erwartet dich?
- Wie sieht es dort aus?

2 Sammle deine Gedanken und Ideen
zu diesem Bild in einem Cluster.

Höllenschlund

3 Lass dich von diesem „Höllenschlund" zu einer spannenden Fantasiegeschichte anregen:
- Sieh dir dein **Cluster** an und markiere die **Ideen**, die du für die Geschichte nutzen willst.
- Schreibe deine Erzählung in der **Ich-Form**.
- Erzähle vorwiegend in den **Zeitformen der Vergangenheit**.
- Überlege dir eine **Einleitung**, die das Interesse deiner Leser oder Zuhörer weckt
  und die in deine Geschichte hineinführt. Du könntest so beginnen:
  Es war an einem heißen Tag im Juli, als ich etwas Unerhörtes erlebte. Ich streifte
  durch den Wald und war auf der Suche nach Pilzen. Da entdeckte ich plötzlich …
  Langsam ging ich näher. Was war das nur? Eine teuflische Fratze …

 Tipp:
Schau beim Schreiben
immer wieder einmal
auf die **Checkliste**.

CHECKLISTE

Ich habe …
- ✓ … eine Einleitung geschrieben, die neugierig macht und Interesse weckt.
- ✓ … in der Ich-Form erzählt.
- ✓ … anschauliche Adjektive und Spannungswörter verwendet.
- ✓ … wörtliche Reden oder auch Gedanken eingefügt.
- ✓ … auf abwechslungsreiche Satzanfänge geachtet.
- ✓ … meistens die Zeitformen der Vergangenheit verwendet.
- ✓ … eine Überschrift gefunden, die neugierig macht, aber nicht zu viel verrät.

_____

_____

Überschrift

Einleitung

_____

_____

_____

Du bist in der Höhle:
Wie ist es dort?
Was kannst du sehen,
hören, fühlen?

_____

*feucht, dunkel, modrig,
totenstill,
gespenstisch, gefährlich,
aufgeregt, beklommen,
ängstlich,
schwacher Lichtschim-
mer, dunkle Schatten,
Wandmalereien ...?*

_____

_____

Wer oder was ist
auch in der Höhle?
Was passiert?

_____

*ein unheimliches
Schleichen,
lautes Fauchen,
gelbe Augen,
rasendes Herzklopfen,
ein schneller Sprung,
wegducken ...?*

_____

_____

_____

Du bist wieder
draußen vor der Höhle.
Wie ist das Ganze
ausgegangen?

_____

*Sonnenschein,
Vögel zwitschern,
erschöpft, erleichtert,
Freunde,
froh, lachend ...?*

_____

_____

→ Online-Kataloge sinnvoll nutzen

Am PC kann man sich von zu Hause aus über den Bücher-bestand und die Ausleihe informieren; so z. B. in Dresden über die folgende Internetadresse: www.bibodresden.de Mit einem Klick auf den Button *Kataloge* öffnet sich die Suchmaske. Danach gibt man einen Suchbegriff ein und startet die Suche (Button *Suchen*).

1 Welcher Suchbegriff wurde eingegeben?

2 Wie viele Suchergebnisse gibt es?

3 Wo klickt man, um mehr über ein bestimmtes Buch zu erfahren?

4 Was kann man tun, um ein Buch später auszuleihen?

5 Welche der Informationen findest du besonders nützlich?

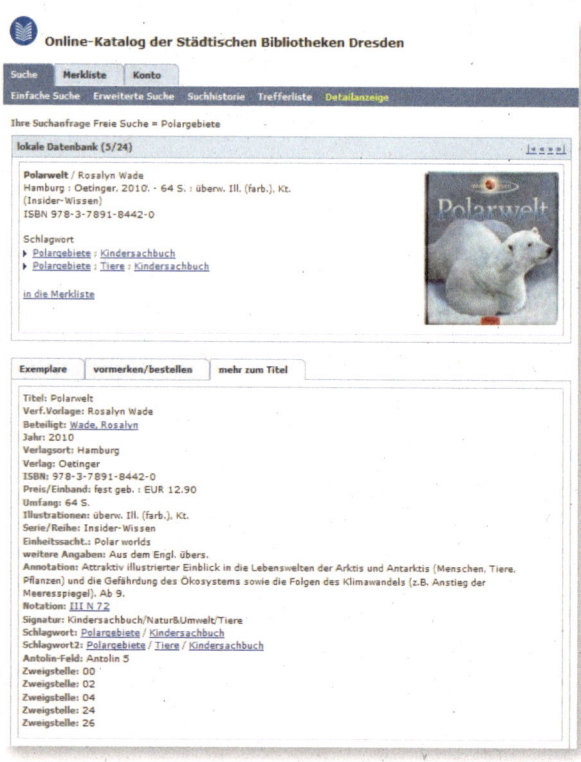

→ Woher unsere Familiennamen kommen

Familiennamen

Anfangs hatten die Menschen nur einen Namen, den heutigen Vornamen. Weil die Bevölkerungszahl immer mehr anstieg, reichte der Vorname allein nicht mehr aus. Die Folge davon war, dass man viele Personen dem Namen nach nicht mehr unterscheiden konnte. Deshalb brauchte man einen zweiten Namen, den heutigen Familiennamen.

Die ersten Familiennamen gaben damals häufig Eigenschaften, Herkunft und Berufe ihrer Träger an: *Mager, Wiener, Zimmermann*.

Etwa 50 der 200 Namen, die heute in Deutschland am häufigsten vorkommen, gehen auf eine Eigenschaft oder ein Merkmal ihrer Träger zurück. Drei Arten sind besonders häufig:

Familiennamen

äußerliche Merkmale	Eigenschaften	Vergleiche
(Größe, Haarfarbe, Gestalt usw.)		
Schwarz	*Mildner*	*Luchs*

1 Trage die folgenden Familiennamen in die entsprechenden Spalten ein.

SCHWARZ   MILDNER   LUCHS   GEIER   KLUGER   HOLZ
FRÖHLICH   ENGEL   FRISCH   DICK   KAHL   FROMM
SCHNABEL   KLETTE   KLEIN   SAUER   LANG   BREITNER
SAUBER   KLOTZ   KRAFT   FUCHS   GRÜNLICH   LIPPE

1 In dem Buchstabengitter rechts sind acht Familiennamen versteckt. Wenn du sie gefunden hast, markiere sie. Es gilt immer der längere Name, z. B.: *Leisegang*. Die Anfangsbuchstaben der acht Namen ergeben einen weiteren Familiennamen.

```
J I V H L E I S E G A N G G U H T I
L E U K W I A N G S T M A N N F R T
X J N A C H T I G A L L S G S D A I
V L Y K G U T G E S E L L D R F R I
H J X W M Z B I E D E R M A N N P A
E H R L I C H E R U V C Q E Q F G I
Z F Y N A M I R R G A N G B P D B O
O B F N O T N A G E L X A O C P V M
```

→ Kurze Vokale – lange Vokale

M

Kurze Vokale – lange Vokale

Die meisten Wörter unserer Sprache bestehen aus zwei Silben.
Der Vokal in der ersten betonten Silbe kann lang sein.
Dann endet die Silbe in der Regel mit einem Vokal: *Vá-ter, Brú-der* ...
Der Vokal kann aber auch kurz sein.
Dann endet die erste Silbe in der Regel mit einem Konsonanten: *Tán-te, Schwés-ter* ...
Die Laute **au**, **äu**, **eu**, **ei**, **ai**, **ie** gelten als lange Vokale.

Apfel Beere Birne Blume Blüte Gurke Kirsche Kürbis Nelke Pflaume Rose Rübe

1 Ordne diese Wörter und schreibe sie mit Silbenstrich auf.
Von jeder Sorte gibt es sechs.

Wörter mit betontem Langvokal

Bee-re, _____

_____

Wörter mit betontem Kurzvokal

Ap-fel, _____

_____

2 Ordne die folgenden Tierbezeichnungen und schreibe sie mit Silbenstrichen auf.
Von jeder Sorte gibt es sechs.

Enten Ferkel Fliegen Hunde Kater Katzen Kröten Kühe Löwen Ochsen Tiger Würmer

Wörter mit betontem Langvokal

Flie-gen, _____

_____

Wörter mit betontem Kurzvokal

En-ten, _____

_____

3 Sprich dir die folgenden Wörter vor. Schreibe sie dann mit Silbenstrichen auf.
Von jeder Sorte gibt es fünf.

Dienstag Freitag Juni Juli Mittag Mittwoch Montag Morgen Samstag Sonntag

Wörter mit einem betonten Langvokal

Diens-tag, _____

_____

Wörter mit einem betonten Kurzvokal

_____

_____

4 In zwei Wörtern aus Aufgabe 3 hat die erste betonte Silbe einen Langvokal
und endet trotzdem mit einem Konsonanten. Markiere diese Wörter.

→ Vorsilben und Nachsilben

Vorsilben und Nachsilben

Eine große Zahl unserer Wörter besteht aus einem **Wortstamm** wie *-SPIEL-*,
aus **Vorsilben** wie *BEI-, VER-, AB-, ZU-, UN-, BE-* ...
und aus **Nachsilben** wie *-EN, -BAR, -ERISCH, -KEIT* ...
So kommt es zu einer großen Menge von Wörtern wie *Bei-spiel, spiel-bar* ...

1 Schreibe eine Reihe von Wörtern mit dem Wortstamm *-spiel-* auf:

_____

_____

2 Schreibe mit diesen **Vorsilben**, **Wortstämmen** und **Nachsilben** zu jeder Reihe
mindestens sechs Wörter auf, die eine oder mehrere Vorsilben und Nachsilben haben.

Vorsilben	Wortstamm	Nachsilben
BE- AN- UN-	-FREUND-	-LICH -KEIT -EN -SCHAFT
UN- BE- AB-	-SCHREIB-	-UNG -EN -LICH -KEIT
AUS- AN- AB- VOR-	-FÜHR-	-LICH -KEIT -EN -ER -UNG
GE- AUF- BE- VER-	-FAHR- / -FÄHR-	-LICH -TE -EN -BAR -KEIT

FREUND: anfreunden, freundlich, _____

_____

SCHREIB: _____

_____

FÜHR: _____

_____

FAHR/FÄHR: _____

_____

3 Schreibe eine Reihe von Wörtern auf, die aus dem **Wortstamm**, aus **Vorsilben**
sowie aus **Nachsilben** bestehen. Manchmal kannst du mehrere Vorsilben aneinanderreihen:

AUS- EIN- AB- ÜBER-   **-SETZ- / -SITZ-**   -UNG -BAR -LICH
UN- BE- ENT- ANDER-   -EN -ER -KEIT

Aus-ein-ander-setz-ung, _____

_____

→ **Das silbentrennende h und das Dehnungs-h**

M

Das silbentrennende h und das Dehnungs-h

Es gibt Wörter, bei denen ein **h** deswegen zwischen zwei Silben steht, weil die erste
Silbe mit einem Vokal endet und die zweite mit einem Vokal beginnt: *se-h-en*.
Das **h** trennt also die beiden Silben. Deswegen heißt es **silbentrennendes h**.
Bei der Silbentrennung gehört es zur zweiten Silbe: *se-hen*.
Es gibt Wörter, bei denen das **h** die Dehnung eines Vokals deutlich macht: *fahren*.
Deswegen heißt es **Dehnungs-h**.
Bei der Silbentrennung gehört das **h** zur ersten Silbe: *fah-ren*.

Fehler Höhe Höhle Mähne Mühe Mühle Rehe Ruhe Schuhe Zahlen Zähne Zehen

1 Ordne diese Wörter. Schreibe sie mit Silbenstrichen auf.

Wörter mit Dehnungs-h

Feh-ler, _____

_____

Wörter mit silbentrennendem h

Hö-he, _____

_____

2 Bilde von folgenden Wörtern die Infinitive. Ordne sie. Schreibe sie mit Silbenstrichen
auf. Von jeder Sorte gibt es sieben.

droht fährt fehlt führt geht glüht rührt ruht seht steht wehrt wohnt zählt zieht

Wörter mit Dehnungs-h

fah-ren, _____

_____

Wörter mit silbentrennendem h

dro-hen, _____

_____

3 Hier findest du 13 Wörter, die sehr oft falsch geschrieben werden. Ordne sie.

mehr sehr ziemlich wohl früher zehn nun beinahe ohne quer ruhig her holen

Wörter ohne h

_____

_____

Wörter mit h

_____

_____

4 Drei der Wörter aus Aufgabe 3 haben ein silbentrennendes h.
Schreibe sie noch einmal mit Silbenstrichen hier auf:

_____

→ Wörter mit h zwischen zwei Vokalen

1 Wenn wir kein silbentrennendes **h** hätten, dann sähen im folgenden Text die Wörter in Klammern alle etwas merkwürdig aus. Setze die Wörter in richtiger Schreibung in die Lücken ein. Streiche dann das falsch geschriebene Wort durch!

Wörter mit h zwischen zwei Vokalen

Bei vielen Wörtern endet die erste, betonte Silbe mit einem langen Vokal (na-) und die zweite Silbe beginnt wieder mit einem Vokal (-he). Dann setzt man oft ein **h** dazwischen, damit man besser erkennen kann, dass das Wort aus zwei Silben besteht (na-he). Wäre das nicht so, würde man dieses Wort nae schreiben. Und das wäre fürs Lesen doch sehr verwirrend!

M

Super-Blitzableiter

Der einzige Mensch, der siebenmal vom Blitz getroffen wurde und einige Male dabei ~~(beinae)~~ _beinahe_ zu Tode

kam, ist der (eemalige) _____ Parkwächter R. C. Sullivan. Die außergewöhnliche

(Anzieungskraft) _____ dieses (Aufseers) _____ begann 1942.

Er verlor dabei den Nagel seiner rechten (Zee) _____. 1969 büßte er auf einem gar nicht so (hoen)

_____ Hügel durch einen Blitz beide Augenbrauen ein. Im Juli 1970 ist es ihm (gescheen)

_____, dass ein Blitz seine linke Schulter versengte. Im April 1972 entzündete sich sein

(weendes) _____ Haar. 1973 entkam er nur mit (Müe) _____ dem Tod, als ihm

die Beine versengt wurden. 1976 wurden ihm in seinen (Schuen) _____ die Fußsohlen ver-

letzt. Und als er 1977 während des Angelns (nae) _____ an einem See vom Blitz getroffen wurde, musste

er verletzt ins Krankenhaus (geen) _____. Bei Gewitter hatte Sullivan keine (Rue) _____

und keine (froe)_____ Minute mehr. Es ist gut zu (versteen) _____,

dass er von seinen Freunden der Super-Blitzableiter von Virginia genannt wurde.

2 Suche zu den folgenden Wörtern einige Wortverwandte der Wortfamilie und schreibe sie auf: Ruhe, ruhig …

Ruhe: _____

Mühe: _____

drehen: _____

gehen: _____

geschehen: _____

früh: _____

→ **Wörter mit Dehnungs-h**

Fähren

Wir haben uns längst daran _gewöhnt_____ , Flüsse überqueren zu können.

Wir laufen, wir _____ mit der _____

über eine Brücke oder wir benutzen _____ . Sie bringen Menschen und

_____ dort über den Fluss, wo Brücken _____ .

Vor vielen _____ gab es natürlich viel mehr Fähren, weil der _____

noch nicht so stark war wie heute. Schon immer _____ die Menschen

eine _____ für die _____ .

In alten Unterlagen wird _____ , dass die _____

nicht immer _____ handelten. Vom Passagier wurde nämlich

_____ des Übersetzens oft ein höherer Preis gefordert. Und wenn der sich

weigerte, diesen Preis zu _____ , _____ man einfach

um und _____ zurück.

1 Setze in die Textlücken die folgenden Wörter ein,
die hier alphabetisch geordnet sind.

*bezahlen   drehte   ehrlich   erwähnt   fahren
Fähren   Fährmänner   Fahrzeuge   fehlen
fuhr   Gebühr   gewöhnt   Jahren   Straßenbahn
Überfahrt   Verkehr   während   zahlten*

2 Suche zu den folgenden Wörtern einige Wortverwandte der Wortfamilie und schreibe sie auf:
Jahr: jährlich, Jahreszeit …

Jahr: _____

_____

Zahn: _____

_____

wohnen: _____

_____

→ Wörter mit einfachem und doppeltem Konsonanten

1 Stelle die folgenden Wörter zu Reim-
paaren zusammen.
Dabei musst du zu jedem Wort links
ein passendes Reimwort rechts finden.
Das findest du aber nur, wenn du die
Wörter ganz deutlich aussprichst!

Einfache und doppelte Konsonanten

Ein **einfacher Konsonant** wird geschrieben, wenn der betonte
Vokal in der ersten Silbe **lang** ist: *Hü-te, O-fen, kä-men …*

Ein **Doppelkonsonant** wird geschrieben, wenn der betonte Vokal
in der ersten Silbe **kurz** ist: *Hüt-te, of-fen, käm-men …*

M

Schoten	Qua ? en	*Schoten - Boten*
Schotten	Schu ? e	
Schalen	Bo ? en	
Quallen	So ?? e	
Quellen	Kanä ? e	
Stulle	Mo ?? en	
Tonne	fa ?? en	
Zone	Kro ? e	
Säle	ste ?? en	
Ställe	Gebru ?? e	
Krume	Blu ? e	
Summe	Fä ?? e	
Spule	Bu ?? e	

2 Schreibe das Gegenteil auf. Die Gegenteilwörter haben
immer Doppelkonsonanten – und reimen sich.

gerade _____ *krumm* _____ → schlau _____

trocken _____ → gebräunt _____

langsam _____ → dunkel _____

mager _____ → unfreundlich _____

rau _____ → hungrig _____

→ **Doppelkonsonanten in Wortfamilien**

Doppelkonsonanten in Wortfamilien

Eine **Wortfamilie** besteht aus Wörtern, die miteinander verwandt sind.
Die Verwandtschaft zeigt sich darin, dass alle Wörter einer Familie ähnlich
aussehen, weil sie den gleichen **Wortstamm** haben:
fallen: fällt, fiel, gefallen, auffallen, einfallen, die Falle, der Einfall, der Zufall ...

1 Diese Wörter gehören zu vier Wortfamilien.
Die Wörter werden alle mit Doppelkonsonanten geschrieben. Ordne sie:

*zerren Zerrung Schwimmbad Rennpferd Zappelei
schwimmen verzerrt Schwimmerin zappeln gezappelt
rennen gerannt zappelig zerrt geschwommen gezerrt
rennt Zappelphilipp schwimmt Wettrennen*

zerren:

schwimmen:

rennen:

zappeln:

2 In diesen drei Wortfamilien kommen Wörter
mit einfachem Konsonanten und mit
doppeltem Konsonanten vor. Ordne sie:

*treffen bitten fallen Treffer trifft traf
Einfall Treffpunkt bat gebeten getroffen
fällt Bitte fiel verbitten Zufall*

treffen: traf,

bitten:

fallen:

3 Die Verben *können, sollen, wollen, müssen* kommen meistens im Zusammenhang mit
anderen Verben vor: *Sie können nicht schwimmen.*
Schreibe Ich-Sätze auf und kombiniere diese Verben dabei immer mit einem anderen Verb.

können sollen wollen müssen → schwimmen ...

Ich kann

→ Wortfamilien mit tz und ck

1 Die folgenden Wörter gehören zu vier Wortfamilien.
Zu jeder Familie gehören vier Wörter. Ordne sie.
Aber Achtung: Zwei Wörter gehören in keine dieser Familien!
Schreibe sie extra auf.

sitzen schwitzt Verletzung Schwitzkasten
platzen verletzt Platz verletzen platzt
petzen verschwitzt witzig Sitzung schwitzen
sitzt geplatzt Polstersitz unverletzt

sitzen, _____

platzen, _____

verletzen, _____

schwitzen, _____

Diese Wörter passen nicht hinein: _____

2 Auch diese Wörter gehören zu vier Wortfamilien.
Zu jeder Familie gehören vier Wörter. Ordne sie.
Aber Achtung: Zwei Wörter gehören in keine dieser Familien!
Schreibe sie extra auf.

wecken trocken Bäcker vertrocknet lecker
aufwecken wackeln backt verwackeln
Trockenheit backen wackelt Wecker gebacken
gekleckert trocknen geweckt wackelig

wecken, _____

trocknen, _____

backen, _____

wackeln, _____

Diese Wörter passen nicht hinein: _____

3 Schreibe die gesuchten Wörter auf. Sie enden alle mit *-ick* oder *-ück.*

Ein anderes Wort für *Seil* ist: _____

Ein kurzer Moment: ein _____

Das Gegenteil von *voran* ist: _____

Wer sich schön kleidet, ist _____

Das Gegenteil von *Pech* ist: _____

Die Mahlzeit am Morgen: _____

→ **Wörter mit tz – Wörter mit ck**

M

Wörter mit tz

Wörter kann man nur mit **tz** schreiben, wenn in der betonten Silbe
ein **kurzer Vokal** steht: *set-zen, pet-zen ...*
Nach einem **langen Vokal** und **au**, **eu**, **ei** steht niemals **tz**: *Bre-zel, Kreuz ...*
Auch nach einem **Konsonanten** kann **niemals tz** stehen: *Schwanz, Kranz ...*

setzen	*schwitzen*	*Satz*
trotzig	*platzen*	*Witz*
Schatz	*putzen*	*Blitz*
petzen	*schmatzen*	*benutzen*
putzig	*schmutzig*	*sitzen*

1 Schreibe die Wörter mit **tz** nach dem Abc geordnet auf:

benutzen,

_____

_____

_____

_____

2 Bilde sechs Reimpaare:

_____

_____

_____

_____

_____

M

Wörter mit ck

Wörter kann man nur mit **ck** schreiben, wenn in der betonten Silbe
ein **kurzer Vokal** steht: *Backen, Jacken ...*
Nach einem **langen Vokal** und **au**, **eu**, **ei** steht **niemals ck**: *La-ken, Schau-kel ...*
Auch nach einem **Konsonanten** kann **niemals ck** stehen: *Bank, krank ...*
Das **ck** bleibt bei der Silbentrennung zusammen: *Ja-cken, Ba-cken ...*

blicken	*schmecken*
trocken	*Mücke*
ersticken	*lecken*
dreckig	*gucken*
Brücke	*lecker*
meckern	*jucken*
Socken	*eckig*
kleckern	*Stecker*

3 Schreibe diese Wörter mit **ck** nach dem Abc geordnet auf:

_____

_____

_____

_____

4 Bilde Verben in der Er-, Sie- oder Es-Form:

_____

_____

_____

→ Wann schreibt man ß und wann ss?

Der stimmlose s-Laut

In vielen zweisilbigen Wörtern kommt ein stimmloser s-Laut vor:
Wenn der Vokal davor **kurz** ist, schreibt man **ss**: wi*ss*en, mü*ss*en ...
Wenn er **lang** und gedehnt ist, schreibt man **ß**: flie*ß*en, schie*ß*en ...
Dabei gelten **au**, **äu**, **eu**, **ei**, **ie** als lange Vokale.

M

1 Sprich die folgenden Wörter deutlich aus. Wenn der Vokal unterstrichen ist,
dann ist er lang, wenn ein Punkt unter ihm steht, ist er kurz.

abgescho ? en　　*gefre ? en*　　*Ra ? el*　　*Spä ? e*　　*Sommerspro ? en*
ausgego ? en　　*Gequa ? el*　　*regelmä ? ig*　　*spa ? ig*　　*Gespu ? el*
einigerma ? en　　*Grima ? e*　　*Schö ? e*　　*sto ? en*　　*gefrä ? ig*
fe ? eln　　*Prinze ? in*　　*knei ? en*　　*Stra ? en*
quo ? en　　*Gespu ? el*　　*So ? e*　　*Schnäu ? e*

2 Schreibe diese Wörter nun geordnet auf. Setze immer ein **ß** oder **ss** ein.
Achtung: Es sind fünf Fantasiewörter darunter! Wenn du aber die Regel oben
im Merkkasten gelesen hast, dann weißt du, wie man sie schreiben muss.

Wörter mit ss

abgeschossen, _____

_____

_____

_____

Wörter mit ß

einigermaßen, _____

_____

_____

_____

3 In vielen Wortfamilien kommen Wörter vor, die man mit ß und ss schreibt: *essen, aß ...*
Ordne diese Wörter nach Wortfamilien.

ausfressen　　*gelassen*　　*schließt*　　*unvergesslich*　　*er verlässt*
Fraß　　*gewusst*　　*Schloss*　　*sie vergaß*　　*verschlossen*
er frisst　　*ich ließ*　　*ich weiß*　　*Vergessenheit*　　*Wissensdurst*

schließen, _____

wissen, _____

fressen, _____

lassen, _____

vergessen, _____

→ **Übungen zu Wörtern mit ß und ss**

Ein besonderes Kunststück

Der berühmteste Entfesselungs-künstler war Harry Houdini. Er führte als Erster die Unterwasserbefreiung aus einem Fass vor, aus dem er sich befreien musste, nach-dem er sich mit Handschel-len und Eisenketten an Händen und Füßen verschließen ließ. Wie er sich aus dem Nass befreit hat, weiß bis heute niemand genau. Einen Schlüssel zum Aufschließen der Fesseln hatte er jedenfalls nicht dabei.

Entfesselungskünstler, _____

_____

_____

_____

_____

_____

1 Markiere in diesem Text alle Wörter, in denen ein **ss** oder **ß** vorkommt (es sind zwölf).

2 Schreibe diese Wörter noch einmal am Rand auf und unterstreiche das **ss** und **ß**.

3 Suche zu den **fett gedruckten** Wörtern Wortverwandte. **Beachte:** In einigen Wörtern steht **ss**, in anderen **ß** – je nach der Länge des Vokals, der dem s-Laut vorausgeht!

verschließen: *schließen, verschlossen,* _____

_____

ließ: *ließen, lassen,* _____

_____

weiß: *wissen, gewusst,* _____

_____

4 Sprich die folgenden Fantasiewörter deutlich aus: Ein kleiner, dünner Buchstabe wird kurz gesprochen, ein großer, dicker Buchstabe lang. Setze dann ss oder ß ein.

Schni____e   Klü____e   Qu**o**____e   Klu____e

_____   _____   _____   _____

Blo____e   Kn**ü**____e   Schn**ie**____e   Pl**u**____e

_____   _____   _____   _____

5 Schreibe die folgenden Wörter als Reimwörter darunter:
Gosse, Bisse, Spieße, Küsse, Füße, Soße, Busse, Buße.

→ Die Umlaute ä und äu

1 Ergänze diese Verse:
Die Bäuche kommt von Bauch, und Stäucher kommt von Strauch …

Die Umlaute ä und äu

Viele Wörter mit **ä** stammen von Wortverwandten mit **a** ab: *Kälte* ← *kalt*.
Und fast alle Wörter mit **äu** stammen von anderen mit **au** ab: *läuten* ← *laut*.
Wenn du also unsicher bist, ob ein Wort mit **ä** oder mit **äu** geschrieben wird,
solltest du versuchen, eine verwandte Wortform mit **a** oder mit **au** zu finden.
Findest du eine, dann sei sicher: Das gesuchte Wort schreibt man mit **ä** oder **äu**.

Reime mit äu und ä

Die B_____che kommt von Bauch,

und Str_____cher kommt von _____ ,

ich tr_____me kommt von Traum,

aufr_____men kommt von _____ ,

die Kr_____ter kommt von Kraut,

und l_____ten kommt von _____ ,

bet_____ben kommt von taub,

der R_____ber kommt von _____ ,

Die Fl___che kommt von flach,

die Schw___che kommt von _____ ,

der F___cher kommt von Fach,

und D___cher kommt von _____ ,

anst___ndig kommt von Stand,

Gel___nder kommt von _____ ,

die K___lte kommt von _____ ,

nur ___ltern, das schreibt man mit ___ ,

obwohl: Es kommt von alt.

2 In diesem Text fehlen in vielen Wörtern (einschließlich der Überschrift) die Striche
über dem **ä** und dem **äu**. Schreibe sie darüber und unterstreiche die Wörter.

Aberglaube

Viele Leute sind aberglaubisch. Zum Beispiel ist für
sie Freitag, der 13. ein Unglückstag. Sie trauen sich
an diesem Tag kaum aus ihren Hausern, weil sie
angstlich sind. Sie fürchten sich vor allem vor Unfal-
5 len. Sie glauben, dass daran irgendwelche dunklen
Krafte und Machte schuld sind. Obwohl an diesem
Tag nicht mehr Unglücksfalle passieren als sonst
im alltaglichen Leben, halt sich dieser Brauch auch
heute noch. Aber zum Glück gibt es jahrlich höchs-
10 tens drei Freitage, die auf einen 13. fallen! Auffallig
oft hangt der Aberglaube mit Tieren zusammen. So

verlasst noch heute mancher Erwachsener die Straße, wenn ihm ein niedliches schwarzes Katzchen
über den Weg lauft. Es soll namlich Unglück über-
15 bringen. Wie die meisten Brauche stammt auch dieser Brauch aus alteren Zeiten: Im Mittelalter dachte
man, die schwarzen Mausejager seien Hilfsgeister
der Hexen.
Wenn man aber heute einen Schornsteinfeger auf
20 den Dachern von Hausern sieht oder ihn gar berüh-
ren kann, dann bedeutet das Glück. Und naturlich
glauben wir alle diesem Brauch sehr gern.

→ Die Großschreibung von Substantiven

M

Signale für die Großschreibung von Substantiven

Ob ein Wort im Satz ein **Substantiv** ist, kann man meistens an bestimmten **Signalen** erkennen:

- **Artikel** (bestimmter Artikel / unbestimmter Artikel): *das Haus*, *ein Blick*
- **Pronomen**: *meine Tasche*, *dieser Winter*
- **Adjektiv**: *schöne Ferien*
- **versteckter Artikel**: *ins (= in das) Wasser*, *beim (= bei dem) Schwimmen*
- **Nachsilbe (Suffix)**: *Haltung*, *Wirklichkeit*, *Freiheit*, *Finsternis*, *Mannschaft*

1 Markiere im Text rechts die Signale, die auf die Großschreibung von sieben Fantasiewörtern hinweisen.

Text mit Fantasiewörtern

Franzi musste eine trappe schluppeln.

Diese trappe war sehr schwiezelich.

Aber Franzi gubbte sich große müxte, sie zu schluppeln.

Beim schluppeln kam sie ganz schnax ins schrappen.

Zum schrass stolperte sie noch über ein hullernis.

2 Füge in den Text aus Aufgabe 1 anstelle der Fantasiewörter die Wörter rechts ein. **Achtung:** Das Wort *tragen* kommt im Text dreimal vor. Aber nur einmal wird es als Substantiv verwendet und muss deshalb großgeschrieben werden.

GAB	*SCHÖN*	*TASCHE*
HINDERNIS	*SCHWER*	*TRAGEN*
MÜHE	*SCHWITZEN*	*TRAGEN*
SCHLUSS	*TASCHE*	*TRAGEN*

_____

_____

_____

_____

_____

3 Bilde aus den folgenden Wörtern Substantive, indem du eine Nachsilbe (ein Suffix) anfügst. Schreibe die Substantive mit Artikel auf.

schön	*wachsam*	*anstrengen*	*kostbar*
bilden	*malen*	*verwandt*	*schalten*
wissen	*erlauben*	*ereignen*	*dunkel*

-ung	-schaft
-keit	-nis
-heit	-er

die Schönheit, _____

_____

_____

Mein faschingskostüm

Unsere faschingsfeier ist immer ein erlebnis. Diesmal will ich als ein zauberer gehen. Seitdem ich die bücher über Harry Potter gelesen habe, gefällt mir das zaubererkostüm besonders gut. Auf meinem kopf trage ich einen hut, der grau und spitz ist. Mein gesicht male ich weiß und meine augenbrauen schwarz an.

Natürlich darf eine brille nicht fehlen. Meine mutter näht mir einen anzug, der einem overall ähnelt. Mein vater will mit mir gemeinsam einen zauberstab bauen. Wenn ich auf einen knopf des stabes drücke, ertönt ein schrei, der wie die eule Hedwig klingt. Nun kann die faschingszeit endlich beginnen.

4 Unterstreiche im Text alle **Artikel** und **Pronomen**, die als Signale auf die Großschreibung von Substantiven hinweisen.
Schreibe dann die Substantive gemeinsam mit diesen Signalen richtig auf.

mein Faschingskostüm, _____

_____

_____

_____

5 Unterstreiche im folgenden Text die **Adjektive**. Schreibe sie gemeinsam mit den Substantiven auf.
- Stehen Artikel oder Pronomen davor, schreibe sie ebenfalls mit auf.
- Denke daran, dass immer nur die Substantive großgeschrieben werden!

Ich mag

grüne nudeln und eine leckere soße,

fetzige musik und spannende filme.

Mein neues fahrrad und junge hunde,

nette nachbarn und eine lustige klasse

mag ich auch. Aber freundliche menschen

mag ich besonders gern.

Ich mag _____

grüne Nudeln, eine leckere _____

_____

_____

_____

6 Füge in die folgenden Lücken jeweils einen **versteckten Artikel** ein.
Den sollst du aus den Wörtern rechts bilden.
Überschreibe die Wortanfänge der Substantive mit einem Großbuchstaben.

Maria kommt _____ training zurück.

Der Zug fährt _____ bahnsteig 7 ab.

Wir treffen uns _____ kino.

Alle fünften Klassen gehen morgen _____ theater.

Sandra läuft _____ stall, um sich das Pony anzusehen.

in das
von dem
zu dem
vor dem
an dem

→ Groß- und Kleinschreibung

Eine prüfung in der altsteinzeit

Der Herbst färbt die blätter bunt. Inzwischen sind die nächte bereits empfindlich kühl. Die beiden jungen sind

trotzdem stolz, nicht unten am fluss in den rindenhütten bei ihrem stamm schlafen zu müssen. Sie sollen näm-

lich jetzt zum ende der warmen jahreszeit ihre große prüfung ablegen. Damit wollen sie beweisen, dass sie zu

den erwachsenen gehören und mit auf die jagd dürfen. Ihre lanzen aus zähem ebenholz haben sie selbst herge-

5 stellt und über dem feuer gehärtet. Während der prüfung dürfen sie sich nicht in der nähe des stammes sehen

lassen oder ins lager zurückkehren. Die jungen ernähren sich vor allem von den beeren der waldsträucher. Mit

der zeit lernen sie auch, essbare wurzeln auszugraben und die blätter der bäume für die ernährung zu nutzen.

Manchmal hören sie ein knacken und ein stampfen. Dann wissen sie, dass eine herde mächtiger waldelefanten

heranstampft. Aus vielen erzählungen wissen sie aber von der gefährlichkeit wütender elefantenkühe, die ihre

10 jungen beschützen wollen. Diese beute lassen sie dann doch lieber vorüberziehen.

1 In diesem Text kommen 38 Substantive vor. Bis auf die Satzanfänge ist alles kleingeschrieben. Markiere die Signale für die Großschreibung vor den Substantiven gelb. Überschreibe die Substantive dann mit Großbuchstaben.

2 Schreibe Substantive heraus, die mit folgenden Erkennungszeichen versehen sind. Unterstreiche die Erkennungszeichen.

1. Artikel: *(in) der Altsteinzeit,* _____

_____

_____

_____

2. Adjektive: *warme Jahreszeit,* _____

_____

_____

3. Pronomen: *(bei) ihrem Stamm,* _____

4. versteckte Artikel: *am Fluss,* _____

5. Nachsilben (Suffixe): *Prüfung,* _____

→ Das Komma bei der Aufzählung von Wörtern

M

Das Komma bei der Aufzählung von Wörtern

Zwischen **aufgezählten** Wörtern setzt man ein **Komma**:
Dienstags, donnerstags, freitags beginnt mein Unterricht um 8:00 Uhr.

Steht zwischen den aufgezählten Wörtern das Wort *und* bzw. das Wort *oder*, wird **kein** Komma gesetzt:
*Jeden Montag, jeden Mittwoch **und** jeden zweiten Donnerstag habe ich nachmittags noch zwei Stunden Unterricht.*

Was ich mag – was ich weniger mag

a) Am liebsten esse ich Spaghetti Eierkuchen Erbseneintopf und Schnitzel mit Rosenkohl.
b) Gar nicht gern mag ich Spinat Möhreneintopf Grießbrei oder Zitronenpudding.
c) Von den Farben gefallen mir besonders ein helles Blau ein zartes Grün ein glänzendes Rot und ein kräftiges Gelb.
d) Nicht so schön finde ich Dunkelgrün Zitronengelb Beigefarben oder Orange.
e) Besonders gern lese ich die Bücher mit Harry Potter abenteuerliche Erzählungen Karl-May-Romane und Geschichten über das Leben im Mittelalter.
f) Kriminalromane oder Reisebeschreibungen lese ich selten.

1 Setze die Kommas in die Sätze ein. Du musst insgesamt zehn Kommas setzen.

2 Schreibe jeweils einen Satz auf, in dem du aufzählst, was du besonders magst und was du nicht so magst. Achte beim Schreiben auf die Kommas.

_____

_____

_____

_____

_____

Wie laut ist es unter Wasser?

3 Ergänze auch hier die fehlenden Kommas. Du musst im ersten Abschnitt sieben und im **zweiten Abschnitt** zwei Kommas setzen.

Da denkt man immer, unter Wasser ist es still. Nein, ganz im Gegenteil: Unter Wasser geht es sehr laut zu. Was man da zu hören bekommt, klingt wie Fröschequaken ein Trommelwirbel lautes Schnarchen dumpfes Grunzen Trillerpfeifen oder wie Magenknurren. Wie schaffen die Fische das, solche Laute hohe Töne tiefe Töne und andere Geräusche von sich zu geben? Einige von ihnen besitzen eine Schwimmblase. Die Haut von dieser Blase wird von Muskeln und Sehnen der Fische schnell hin- und herbewegt. Und diese Bewegungen erzeugen die Töne. Genauso machen es die Menschen beim Trommelspielen beim Geigespielen oder beim Klimpern auf einer Gitarre.

Andere Fische dagegen reiben bestimmte Zähne im Mund aufeinander. Diese Töne ähneln unserem Zähneknirschen oder dem Kratzen auf einer Tischplatte. Unter Wasser geht es also fast so zu, wie es beim Menschen über Wasser ist. Über und unter Wasser erklingen Liebeslieder Drohgesänge das Knattern von Motoren und viele andere vertraute Geräusche.

→ Die Satzzeichen der wörtlichen Rede

M

Die Zeichen der wörtlichen Rede

Die **wörtliche Rede** besteht aus zwei Teilen:
· Wer etwas sagt, steht im **Begleitsatz**.
· Was gesagt wird, steht im **Redeteil**.

Steht der Begleitsatz **vor** dem Redeteil, steht danach ein **Doppelpunkt**:
Obelix sagte: „Am besten schmecken mir Wildschweine."

Steht der Begleitsatz **nach** dem Redeteil, steht ein **Komma** zwischen
Redeteil und Begleitsatz. Der Punkt entfällt:
„Am besten schmecken mir Wildschweine", *sagte Obelix.*
Frage- und Ausrufezeichen gehören zum Redeteil. Sie fallen niemals weg.

Vor dem Redeteil stehen die **Anführungszeichen unten**.
„Am besten schmecken mir Wildschweine!", *rief Obelix.*

Nach dem Redeteil stehen die **Anführungszeichen oben** –
aber immer erst **nach** den Satzschlusszeichen.
Obelix fragte: „Was schmeckt dir denn am besten?"

Asterix und Obelix landen in Amerika

Als die beiden in Amerika an Land kamen, lief ihnen ein Truthahn über den Weg.

Asterix sagte   Komisches Tier, mal sehen, ob das schmeckt

Als noch weitere Truthähne aus dem Gebüsch kamen, rief Obelix

    He, Asterix, bis wir Wildschweine finden, haben wir jedenfalls etwas zu essen

5 Dann bereitete Asterix das Abendessen zu.

Er befahl   Obelix, zünde ein Feuer an

Und dann brutzelte der Vogel über dem Feuer.

Obelix fragte   Kann man so was überhaupt essen

Asterix probierte das Fleisch.

10 Er stellte fest   Das schmeckt sogar sehr gut

Obelix ließ sich jetzt auch nicht bitten, biss kräftig in das Fleisch

und rief begeistert aus   Der Braten ist wunderbar

Und dann aßen sich die beiden richtig satt.

1 Entscheide zuerst, welche Sätze Redeteile sind, die Asterix und Obelix gesagt haben.
· Markiere diese Redesätze.
· Unterstreiche dann die Begleitsätze.

2 Überlege, ob Asterix und Obelix etwas **sagen** oder etwas **rufen**,
etwas **befehlen** oder etwas **fragen**.
Setze dann Punkte, Fragezeichen oder Ausrufezeichen hinter die Redesätze.

3 Setze zum Schluss die übrigen Satz- und Redezeichen ein:
Doppelpunkte, Kommas und Anführungszeichen.

Asterix und Obelix finden ein Indianerboot

An der Küste fanden die beiden etwas für sie Unbekanntes: ein altes Indianerkanu.

Natürlich wollten sie gleich eine Probefahrt damit machen.

So ein Boot hab' ich noch nie gesehen   sagte Asterix erstaunt.

Ja, komisch, mit Loch im Boden, das Wasser einlässt   staunte Obelix.

5   Ich fürchte, wir sitzen im falschen Boot   flüsterte Asterix.

Sollen wir wenden und ein anderes holen   fragte Obelix.

Viel zu gefährlich   rief Asterix.

In das Boot lief immer mehr Wasser hinein.

Lass uns aus dem Boot springen und zur Insel schwimmen   forderte Asterix Obelix auf.

10   Hier übernachten wir   befahl Asterix.

Morgen sehen wir weiter   fügte er noch hinzu.

4 An welcher Stelle stehen in diesem Text die Begleitsätze? Unterstreiche sie.

5 Schau dir nun die Begleitsätze an.
Die Verben weisen darauf hin, welche Satzschlusszeichen
am Ende der Redeteile gesetzt werden müssen.
Füge diese Satzschlusszeichen ein.

6 Ergänze nun die noch fehlenden Anführungszeichen **unten** und **oben**.

Asterix und Obelix auf Fischfang

Asterix und Obelix waren auf Fischfang hinaus aufs Meer gefahren. Obelix hatte das

Fischnetz ausgeworfen. Nach einer Zeit fragte er   Ja, aber ... äh ... wie kriegen wir jetzt

das Netz wieder   Du brauchst doch nur dran zu ziehen   sagte Asterix.

Obelix war darüber sehr erstaunt   Ich hab's doch aber rausgeworfen

5 Asterix dämmerte etwas und er schrie   Wie, hast du's etwa nicht festgemacht

Obelix schüttelte den Kopf.   Ja, wer ist denn so verrückt und wirft das Netz raus,

ohne es festzumachen   rief Asterix empört.   Aber du selbst hast mir's gesagt, dass ich

es rauswerfen soll   beschwerte sich Obelix lautstark. Und etwas leiser fügte er hinzu

Außerdem bin ich Hinkelsteinlieferant und kein Fischer

10   Na gut, wir fahren zurück und holen ein neues Netz   meinte Asterix versöhnlich.

7 Setze hier alle notwendigen Satz- und Redezeichen ein: Punkt, Fragezeichen,
Ausrufezeichen, Doppelpunkt, Anführungszeichen und Kommas.

→ Signalwörter für die Kommasetzung

M

Signalwörter für die Kommasetzung

Zwischen zwei Sätzen muss oft ein Komma gesetzt werden:
Er hatte es eilig, **weil** *er noch vor Ladenschluss etwas einkaufen musste.*
Das Komma steht hier immer **vor** Wörtern wie
als, bis, damit, dass, nachdem, ob, obwohl, seit, sodass, weil, wenn.
Diese Wörter sind **Signalwörter** für die Kommasetzung.

Es kommt auch vor, dass der Satz mit dem Signalwort an erster Stelle steht:
Weil *er noch etwas einkaufen* musste*,* hatte *er es eilig.*
Hier muss das Komma am **Ende** dieses Satzes gesetzt werden.
In diesem Fall steht es immer **zwischen** den **beiden Verben**.
Beim Sprechen wird an der Kommastelle meistens eine kleine Pause gemacht.

Joshis Pläne

Mein Freund Joshi nimmt sich immer viel vor. Jetzt will er sich im
Garten einen Teich anlegen nachdem er einen in Müllers Garten
gesehen hat. Er träumt schon davon dass dort ein kleiner Wasserlauf
leise plätschert. Er möchte gern im Sommer am Teich sitzen bis er
das Quaken von Fröschen hören kann. Ich habe ihn gefragt ob er
überhaupt Ahnung von Gartenteichen hat. Ein Gartenteich macht
nämlich viel Arbeit weil so ein Teich nicht nur ein Loch mit Wasser
drin ist. Er wurde ganz unruhig als ich ihm das sagte. Heute erzählt
er mir dass wohl aus dem Gartenteich nichts wird. Aus ihm wird
kein Experte für Gartenteiche obwohl er sich im Internet informiert
hat. „Ich brauche viel zu viel Zeit bis ich den fertig habe", sagte
Joshi. Jetzt will er sich lieber eine Seifenkiste bauen damit er an
Rennen mit diesen Fahrzeugen teilnehmen kann. Ich wette dass
auch aus diesem Plan nichts wird.

1 Bearbeite den Text in folgender Weise:
- Unterstreiche in den Sätzen die Signalwörter für die Kommasetzung.
- Setze dann die Kommas. Insgesamt sind es elf.

2 Füge die passenden Satzhälften zusammen.
Schreibe die vollständigen Sätze in dein Heft.
Achte auf die Kommas.

a) Vater schimpfte	nachdem er seinen Aufsatz abgegeben hat.
b) Jana liest ihrem Bruder jeden Abend vor	dass der Musikunterricht ausfällt.
c) Unser Sportfest musste ausfallen	als ich mit meinen schmutzigen Sachen ins Auto stieg.
d) Jakob kann am Turnwettbewerb teilnehmen	bis der Laptop hochgefahren ist.
e) Wir haben die Information erst spät erhalten	weil es in Strömen regnete.
f) Muna wartet	wenn er endlich im Bett liegt.
g) Milan verlässt das Klassenzimmer	obwohl er leicht verletzt ist.

Von den Anfängen unseres Fahrrades

Dass man mit dem Fahrrad auf einer geraden Straße besser als zu
Fuß vorankommt weiß heute jeder. Obwohl man schon sehr früh nach
einem rollenden Fortbewegungsmittel suchte mussten die Menschen
bis zum Jahre 1817 warten. Nachdem Karl Drais in diesem Jahr seine
Laufmaschine konstruiert hatte entwickelte sich das Fahrrad in den
nächsten Jahren sehr schnell weiter. Wenn Karl Drais die Fahrräder
von heute sehen könnte käme er aus dem Staunen nicht heraus. Dass
das Fahrrad damals *Laufmaschine* hieß war keine Überraschung. Damit
man sich auf dieser Maschine fortbewegen konnte musste man sich
nämlich mit den Füßen vom Erdboden abstoßen. Weil Karl Drais auch
einen Lenker entwickelt hatte konnte der Fahrer sein Gleichgewicht
halten. Während heute mit Fahrrädern viel Geld verdient werden kann
blieb für Karl Drais der wirtschaftliche Erfolg leider aus.

3 Bearbeite diesen Text in folgender Weise:
- Unterstreiche in dem Text alle Signalwörter für die Kommasetzung.
- Suche die Stellen, an denen zwei Verben aufeinandertreffen.
  Markiere sie farbig.
- Setze dann die Kommas zwischen den beiden Verben ein.

4 Setze in die folgenden Sätze die Kommas ein.

a) Während es draußen bitterkalt war heizte der Kamin unser Zimmer molligwarm.
b) Die Maus kommt immer wieder wenn sie Speck gekostet hat.
c) Als das Licht im Kino langsam verlösche stieg die Spannung bei den Zuschauern.
d) Dass du trotz des schlechten Wetters gekommen bist freute uns alle sehr.
e) Die Zuschauer mussten bis zur 89. Minute warten bis das entscheidende Tor fiel.
f) Das Tor hätte schon viel früher fallen können wenn der Elfmeter nicht an die
   Latte gegangen wäre.

5 Füge in die Sätze die passenden Signalwörter ein.
Setze danach die Kommas.

sodass wenn nachdem obwohl weil bevor

_____ Robert schnell zur Haltestelle gerannt war war die Straßenbahn schon weg.

Er hätte die Bahn noch bekommen können _____ er fünf Minuten eher aufge-

standen wäre. Er wollte aber unbedingt pünktlich sein _____ er schon einmal

zu spät gekommen war. _____ Robert wieder nach Hause gerannt war schnapp-

te er sich sein Rad. Kräftig trat er in die Pedalen _____ er zügig vorankam.

_____ es zum Unterricht klingelte saß Robert schon erleichtert im Klassenzimmer.

→ **Substantive**

Substantive

M

Die **Substantive** sind die **wichtigsten Wörter** unserer Sprache. Ohne sie kann man einen Text kaum verstehen, denn meistens wird erst durch die Substantive die **Bedeutung** eines Textes klar. Damit man die Substantive beim Lesen auch sofort erkennen kann, werden sie **großgeschrieben**.

1 Füge die 19 Substantive an den passenden Stellen des Textes ein. Die ersten zehn stehen rechts in der richtigen Reihenfolge, die anderen neun musst du selbst aussuchen.

~~Tiere~~ Wohnung Platz Eltern
Sommerferien Bauernhof
Hühner Gänse Ziegen Kühe

Bett Foto Grasbüschel Hand Pony
Hund Angst Ferienende Zaun

Aufregende Ferien

Ich habe (1) ___Tiere___ sehr gern. Aber in unserer kleinen (2) _____ ist kein

(3) _____ dafür. Deshalb fand ich es ganz toll, dass meine (4) _____ und ich in den

(5) _____ auf einem (6) _____ gewesen sind.

Dort gab es (7) _____ und (8) _____ , (9) _____ und

(10) _____ . Einen (11) _____ gab es natürlich auch. Am besten hat mir

aber das (12) _____ gefallen. Es kam von ganz allein an den (13) _____ ,

wenn es mich sah. Ich konnte es streicheln und sogar füttern. Ein bisschen (14) _____ hatte

ich schon, als es ein (15) _____ aus meiner (16) _____ fraß.

Am (17) _____ durfte ich es sogar auch einmal reiten. Ich habe das Pony sehr oft

fotografiert. Und jetzt hängt ein (18) _____ von ihm über meinem (19) _____ .

2 Bilde von den folgenden Substantiven den Plural.
Ordne die Substantive dann den sechs Pluralformen zu.
In jede Zeile gehören zwei Substantive.
Schlage im Wörterbuch nach, wenn du unsicher bist.

Bild – Löffel – Hof – Netz – Ohr – Rind – Stuhl – Theater – Note – Auto – Tag – Clown

-e: _____   -s: _____

-(e)n: _____   -er: _____

mit Umlaut: _____   ohne Änderung: _____

→ Substantive: die vier Fälle

1 Füge das Substantiv, das in Klammern steht, im angegebenen Fall ein.

Die vier Fälle von Substantiven

Die **vier Fälle** von Substantiven erkennt man vor allem an der Form des Artikels oder eines Pronomens. Manchmal bekommen Substantive zusätzlich selbst eine Endung.

Biber

Häufig wird behauptet, dass *(der Biber)* _____
Nominativ

gern mal *(ein Fisch)* _____ frisst.
Akkusativ

Diese Behauptung entspricht aber nicht *(die Wahrheit)* _____
Dativ

Biber bevorzugen eher die frische Rinde *(ein Baum)* _____.
Genitiv

Auch saftige Beeren sind vor *(der Biber)* _____ nicht sicher. Immerhin
Dativ

„verputzen" sie jährlich vier Tonnen *(die Waldfrucht)* _____.
Genitiv

2 **Dativ oder Akkusativ?**

In den folgenden Sätzen stehen die fett gedruckten Wörter im Dativ oder im Akkusativ. Ergänze die richtige Endung für den **Dativ *(-em)*** oder für den **Akkusativ *(-en)***.

a) Peter rief *(Wen?)* **sein**_____ **Freund** an.

b) Er überbrachte *(Wem?)* **sein**_____ **Freund** eine Nachricht.

c) Alina konnte *(Wem?)* **d**_____ **Krimi** gut folgen.

d) Deshalb las sie *(Was?)* **d**_____ **Krimi** gern weiter.

e) Einige Schüler sollen (Was?) **d**_____ **Text** abschreiben.

f) Die anderen müssen *(Wem?)* **d**_____ **Text** Informationen entnehmen.

a) Unsere Theatergruppe braucht **ein**_____ **neuen Mitspieler**.

b) Lange haben wir gesucht, dann haben wir **ein**_____ **Schüler** aus der 5b die Rolle gegeben.

c) Wir sind **ein**_____ **Computerfehler** auf der Spur.

d) Doch wir können **d**_____ **Fehler** einfach nicht finden.

e) Meine Mutter stimmt **d**_____ **Kauf** eines Notebooks zu.

f) Mein Vater allerdings lehnt **d**_____ **Kauf** ab.

→ **Der Gebrauch des bestimmten und unbestimmten Artikels in Texten**

M

Der Gebrauch des bestimmten und unbestimmten Artikels in Texten

In einem Text steht der **unbestimmte Artikel** *(ein, eine, einen, einem)* in der Regel dann, wenn ein Substantiv zum **ersten Mal** genannt wird, wenn etwas oder jemand noch **unbekannt** ist.

Der **bestimmte Artikel** *(der, die, das, den, dem)* steht in der Regel dann, wenn dasselbe Substantiv **noch einmal** im Text vorkommt oder wenn dem Leser etwas oder jemand bereits **bekannt** ist.

Märchen

nach den Brüdern Grimm

Es war einmal _____ König, der hatte _____ Tochter. _____ König

wollte _____ Mädchen demjenigen geben, der am besten lügen könne. Da kam

_____ armer Bauernbursche vor _____ König und erzählte ihm _____

Lügengeschichte. „In unserem Garten stand einmal _____ Kohlkopf. _____

5 Kohlkopf wuchs so hoch, dass er bald _____ Himmel berührte. Daran kletterte ich

also hoch. Von dort oben sah ich im Himmel _____ Pracht, dass ich hineinsprin-

gen wollte. Da schlug mir aber jemand _____ Himmelstür vor _____ Nase

zu, und ich blieb in _____ Wolke hängen. Ich ließ mich an _____ Strick

durch _____ Wolke hindurch wieder auf _____ Erde hinunter. Aber als

10 ich erst halb unten war, ist _____ Strick gerissen. Also fiel ich hinunter mitten in

_____ Schneeberg hinein. Da ich aus _____ Berg nicht wieder herauskam,

ging ich schnell nach Hause und holte _____ Beil. Damit schlug ich dann von

innen _____ Schneeberg kaputt und konnte mich befreien."

Da sagte _____ König: „Das ist so gut gelogen, dass es noch keiner besser gemacht

15 hat!" _____ Königstochter wollte er ihm aber trotzdem nicht geben. Deswegen gab

er ihm _____ großen Sack voll Gold, um ihn loszuwerden. Hans, _____

Bauernbursche, war sehr froh darüber, und er zog mit _____ Sack davon.

1 Setze in die Lücken den unbestimmten Artikel oder den bestimmten Artikel ein.

M

→ Personal- und Possessivpronomen

Personal- und Possessivpronomen

Pronomen stehen im Text für Substantive. Die beiden wichtigsten Arten der Pronomen sind:
- **Personalpronomen:** *ich   du   er   sie   es   wir   ihr   sie.*
- **Possessivpronomen:** *mein   dein   sein   ihr   sein   unser   euer   ihr*

Personalpronomen stehen **für** Substantive und **ersetzen** sie im Text. Sie ermöglichen es, dass dieselben Substantive im Text nicht laufend wiederholt werden müssen:
*Heute Abend kommt **Leo** zu Besuch. **Er** ist schon lange mein Freund.*

Possessivpronomen stehen oft vor Substantiven und geben an, was zu wem **gehört**:
***Jakob** hat **seinen** Füller verloren. **Carolin** borgt ihm **ihren** Füller.*

Schülerlotse

Immer wenn Lorenz morgens zur Schule geht, steht an der Kreuzung ein Schülerlotse. Lorenz kennt den Schülerlotsen schon lange. Der Schülerlotse hilft Lorenz und den anderen Kindern über die Straße. Doch den fließenden Verkehr darf der Schülerlotse dafür nicht stoppen. Wenn der Schülerlotse eine Lücke im Verkehr erkennt, dann hebt der Schülerlotse des Schülerlotsen Kelle, sodass die ankommenden Fahrzeuge langsamer fahren. Den Schülerlotsen erkennen die Fahrer gut an des Schülerlotsen leuchtenden Warnweste.

1 Schreibe den Text so auf, dass er besser zu lesen ist. Überlege, an welchen Stellen du ein Personal- bzw. Possessivpronomen an Stelle des Substantivs einsetzen oder das Substantiv stehen lassen willst.

_____

_____

_____

_____

_____

2 Schreibe in die Lücken passende Possessivpronomen ein.

Seit Langem haben sich die Schüler der 5c auf _____ diesjährige Fahrradtour vorbereitet. Morgen endlich

starten wir _____ Fahrt. Deshalb putzt Lotta heute _____ Rad, Peter dreht an _____

Rad alle Muttern fest, Jette und Kim haben _____ Räder schon gestern in Ordnung gebracht. Max aller-

dings sitzt am Computer, bis ihn _____ Mutter fragt: „Hast du denn schon _____ Fahrrad in

Ordnung gebracht, das Vorderrad hatte doch einen Platten?" Jetzt muss auch Max loslegen.

→ **Wozu Verben gebraucht werden**

M

Verben

Mit **Verben** kann man jemandem etwas erzählen, berichten oder beschreiben.
Verben geben genau an, was geschieht und was einer tut:
*Max **ist** gestern ins Kino **gegangen**. Er **wartete** vor dem Kino auf Mia.*
*Doch Mia **ist** nicht **gekommen**.*

1 Füge in die Lücken des Textes jeweils ein passendes Verb
in der Zeitform Präteritum ein. Jedes Verb darf nur einmal
vorkommen. Streiche das eingesetzte Verb durch.

achten   nehmen   stoppen
beobachten rauschen   wollen
fahren   sehen   zählen
machen   ~~stehen~~

An der Autobahn

Leon, Julian und Lilli (1) ___standen___ auf einer Autobahnbrücke und (2) _____ auf den

Autoverkehr hinab. Zuerst (3) _____ sie, wie viele Fahrzeuge unter der Brücke hindurch

nach Süden (4) _____ . Leon (5) _____ dabei auf die Autos, Julian auf die

Motorräder und Lilli (6) _____ bei jedem Lkw einen Strich auf ihren Zettel. Eine Stunde

später (7) _____ der Verkehr stark zu und die Fahrzeuge (8) _____ in

hohem Tempo vorbei. Die drei (9) _____ , wie sich ein Fahrer mit der Lichthupe

auf der linken Spur freie Fahrt verschaffen (10) _____ . Kurz vor der Brücke

(11) _____ die Verkehrspolizei jedoch den Raser.

2 Lies den Text mit den Fantasieverben. Durch welche sinnvollen Verben kannst du
die Fantasiewörter ersetzen? Schreibe jeweils ein passendes Verb im Präsens in die
Lücken. Es beginnt immer mit denselben drei Buchstaben wie das Fantasieverb.

Mindestens vier Stunden am Tag (1) *verprennern* _____ die Affen mit Fressen.

Wenn einer von ihnen einen Baum mit Früchten (2) *entstinkt* _____ ,

(3) *schottelt* _____ er ganz laut und die anderen (4) *saufteln* _____ herbei.

Nun (5) *köngeln* _____ alle genügend (6) *futschern* _____ . Bevor die

Tiere am Abend ihr Schlafnest (7) *baupsen* _____ , (8) *fremmen* _____ sie

Blätter und frische Baumtriebe. Ihre absolute Lieblingsspeise (9) *beslint* _____

aus Termiten und Honig, aber die (10) *giburgt* _____ es nicht jeden Tag.

→ Verbformen üben

Verbformen im

Infinitiv:	Präteritum:	Perfekt:
befehlen	befahl	hat befohlen
stehlen		*hat*
greifen	griff	hat gegriffen
	pfiff	*hat*
finden		*hat*
	band	*hat*
ziehen	zog	hat gezogen
lügen		*hat*
streiten	stritt	hat gestritten
		hat geschnitten
gehen	ging	ist gegangen
fangen		*hat*
verlieren	verlor	hat verloren
frieren		*hat*
sinken	sank	ist gesunken
trinken		*hat*
reißen	riss	ist gerissen
		hat gebissen

 1 Ergänze die fehlenden Verbformen. Die Reime können dir eine Hilfe sein.

→ Präteritum oder Perfekt in einen Text einsetzen

M

Zeitformen

Die drei gebräuchlichsten Zeitformen sind das Präsens, Perfekt und Präteritum:

Infinitiv	Präsens	Präteritum	Perfekt
fahren	ich fahre	ich fuhr	ich bin gefahren
bremsen	du bremst	er bremste	er hat gebremst
sein	da ist	da war	da ist gewesen
haben	ich habe	ich hatte	ich habe gehabt

Wer aus der Erinnerung etwas erzählt, der erzählt es meistens in einer der beiden Vergangenheitsformen: im Präteritum oder im Perfekt.

1 Schreibe den folgenden Text so auf, dass die Sätze in einer Vergangenheitsform stehen.
Du solltest hauptsächlich das Präteritum verwenden.
Manchmal passt aber das Perfekt besser.
Und vielleicht möchtest du ja sogar einmal das Präsens verwenden.

Autofahrt mit Hindernissen

Gestern _____ ich mit meinen Eltern zum Badesee _____.
      fahren

Wir _____ mit dem Auto auf der Autobahn so dahin _____.
      rollen

Plötzlich _____ meine Mutter _____.
      bremsen

Vor uns _____ ein Stau _____.
      sein

Wir _____ also _____.
      anhalten

Meine Mutter _____ und mein Vater _____.
      stöhnen   *schimpfen*

Es _____ nicht weiter _____.
      gehen

Plötzlich _____ ein Abschleppwagen _____.
      kommen

Vor uns _____ wohl ein Auto liegen _____.
      bleiben

Nach anderthalb Stunden _____ wir endlich weiter _____.
      fahren

Es _____ alles noch einmal gut _____.
      gehen

Den ganzen Tag _____ wir am See _____.
      baden

→ **Adjektive**

Adjektive

Adjektive bezeichnen Eigenschaften von Lebewesen, Dingen und Sachverhalten genau:
leckere Erdbeeren, **grüne** Äpfel, **große** Gläser.
Alle Adjektive können **zwischen** einem **Artikel** und einem **Substantiv** stehen:
lecker → die **leckeren** Erdbeeren, grün → die **grünen** Äpfel, groß → die **großen** Gläser.

Der Trauerfliegenschnäpper

Hast du schon einmal von einem Vogel mit dem (1) seltsamen/*dummen*
Namen „Trauerfliegenschnäpper" gehört? Nun könnte man denken,
dass dieser Vogel ein (2) *grausamer/trauriger* Geselle wäre. Aber ganz
im Gegenteil: Der Trauerfliegenschnäpper ist ein immer (3) *fröhlicher/*
5 *durstiger* Sänger. Das Wort *Trauer* in seinem Namen bezieht sich ledig-
lich auf sein (4) *buntes/schwarzes* Federkleid. Das Männchen kann man
deutlich an einem (5) *schwachen/weißen* Fleck auf den Flügeln und auf
der Stirn erkennen. Das Weibchen hat dagegen kein solch (6) *auffälliges/*
verrücktes Merkmal. Im April kehren die Trauerfliegenschnäpper aus
10 dem (7) *fernen/nahen* Afrika in ihre Brutheimat zurück.
Hier bei uns beginnen die Trauerfliegenschnäpper sofort mit der Eroberung eines Nistkastens oder einer (8) *künstlichen/natürlichen* Baum-
höhle. Es stört sie überhaupt nicht, wenn in diesem Nest bereits eine
(9) *unbequeme/andere* Vogelfamilie wohnt. Weil sich die Nestbesitzer
15 natürlich gegen die feindliche Eroberung wehren, ist der Angriff des
Trauerfliegenschnäppers schon eine (10) *mutige/freundliche* Aktion. Er
gelangt durch ein drei cm breites Flugloch in den Nistkasten. Er ist also
ein sehr (11) *kleiner/dicker* Vogel. Trotzdem jagt er zum Beispiel die
viel (12) *hungrigere/größere* Spechtmeise davon. Dann bezieht auch das
20 Weibchen das (13) *fertige/unbequeme* Nest. Es überbaut das alte Gelege
einfach mit (14) *riesigen/dünnen* Halmen und (15) *trockenen/löchrigen*
Laubblättern. Manchmal nimmt sich das (16) *treue/lebenslustige* Männchen noch ein (17) *zweites/stolzes* Weibchen. Der Vogel ist ein (18)
schwieriger/liebevoller Papa und beteiligt sich an der (19) *aufwändigen/*
25 *überflüssigen* Fütterung des Nachwuchses.

1 Wenn du Genaueres darüber erfahren willst, wie der Trauerfliegenschnäpper
aussieht und was er so treibt, dann musst du aus den beiden vorhandenen
Adjektiven immer das passende herausfinden.
Markiere die passenden Adjektive gelb.

M → **Adjektiv-Probe**

Adjektiv-Probe

Die ...?... Plingplongs liegen auf dem Tisch.
Wenn ein Wort in diesen Beispielsatz hineinpasst, dann ist es ein Adjektiv; wenn nicht, dann ist es kein Adjektiv:

häufig: Die **häufigen** *Plingplongs liegen auf dem Tisch.*   *oft*: Die **oft** *Plingplongs liegen auf dem Tisch.*
→ Das Wort *häufig* ist ein Adjektiv.   → Das Wort *oft* ist **kein** Adjektiv.

1 Welche der folgenden Wörter sind Adjektive? Markiere sie. Bist du unsicher, wende die Adjektiv-Probe an.

hart	*dort*	*dünn*	*frisch*	*lila*	*fremd*	*sauer*	*drinnen*
bergab	*vielleicht*	*jetzt*	*sieben*	*hinauf*	*flott*	*mittags*	*bald*
leider	*selten*	*damals*	*nächste*	*morgen*	*perfekt*	*sonst*	*eisern*

M ## Steigerung von Adjektiven

Wenn Adjektive im **Positiv** (in der Grundstufe) stehen, folgt das Vergleichswort **wie**: *so groß* **wie**.

Wenn Adjektive im **Komparativ** (in der Steigerungsstufe) stehen, folgt das Vergleichswort **als**: *größer* **als**.

2 Setze die Vergleichswörter *wie* oder *als* im folgenden Text ein.

a) Peter hat heute genauso gut _____ Felix gespielt. b) Das höchste Gebäude der Welt in Dubai ist

300 Meter höher _____ das zweithöchste der Welt. c) Die Milch ist heute noch so lecker _____

gestern. d) Der blaue Pulli steht dir besser _____ der grüne. e) Fahr doch mit dem Bus. Er ist schneller

_____ die Straßenbahn. f) Laura stöhnt: „Die zweite Mathearbeit war so schwer _____ die erste."

3 Bei welchen Adjektiven ist es möglich und sinnvoll,
den Komparativ und den Superlativ zu bilden?
Trage die verschiedenen Stufen in die Tabelle ein.

klug	*schnell*	*weit*
prima	*täglich*	*lang*
eckig	*lustig*	*schriftlich*

Positiv (Grundstufe)	Komparativ (Steigerungsstufe)	Superlativ (Höchststufe)
_____	_____	_____
_____	_____	_____
_____	_____	_____
_____	_____	_____

→ Präpositionen

Präpositionen

Präpositionen wie *an, auf, bei, durch, gegen, hinter, in, mit, nach, neben* usw. setzen zwei Dinge oder Sachverhalte, über die gesprochen wird, miteinander in Beziehung.

*Peter wartet **auf** dem Bahnsteig.*　　　*Maria geht **durch** die Bahnhofshalle.*
*Carl spricht **mit** dem Trainer.*　　　　*Wir gewannen das Spiel **durch** Simons Tor.*

Präpositionen fordern von den folgenden Wörtern einen bestimmten Fall, meistens
den **Dativ**:　　　　　　　　　　oder　　　　den **Akkusativ**:
*Die Lampe hängt über **dem runden Tisch**.*　　*Der Ball rollt unter **den runden Tisch**.*

1 Setze in die Lücken passende Präpositionen ein. Du findest eine Auswahl am Rand.

90-Jährige oder Kleinkind?

Helene Schulz bekam _____ ihrer Krankenkasse ein Schreiben. _____ seinem Anfang

stand: „Liebe Helene, du bist ja jetzt schon ein großes Mädchen, und da wird es Zeit _____

eine Vorsorgeuntersuchung, die _____ jedem Kleinkind gemacht wird." Helene Schulz, die

_____ Marne lebt, sah verwundert _____ den Brief. Das „große Mädchen" ist nämlich

schon _____ 90 Jahre alt! _____ ihrem eigentlichen Geburtsjahr 1920 und

dem angegebenen Jahr 2010 liegen genau diese 90 Jahre. Frau Schulz nahm es _____ Humor.

Die Krankenkasse musste _____ dieses Fehlers das Computerprogramm überarbeiten.

in
von
für
wegen
an
zwischen
mit
durch
über
bei
auf

2 Schreibe die *kursiv* gedruckten Wortgruppen richtig auf.

Ostsee

Gestern sind wir lange (1) *an die Steilküste* (2) *auf die Insel Rügen* gewandert.
Carl hat vor allem (3) *über der hohen Wellen* gestaunt. Sie prallten (4) *mit ihre ganze Kraft* (5) *auf der untere Teil* der Felsen. (6) *Nach dieses Erlebnis* (7) *auf die Spitze* der Steilküste sind wir dann (8) *mit ein Fischkutter* hinausgefahren. Der schaukelte ganz schön (9) *auf die hohen Wellen*! Wir werden uns (10) *an dieser Tag* noch lange erinnern.

1) an der Steilküste, _____

_____

_____

_____

→ Dieselbe Präposition – zwei Fälle

M

Dieselbe Präposition – zwei Fälle

Nach manchen Präpositionen wie *an, auf, hinter, neben, in, über, unter, vor, zwischen* können die Nomen entweder im Dativ oder im Akkusativ stehen.

Dativ: *Der Computertisch steht **vor dem Fenster**.*
(WO steht der Computertisch?)

Akkusativ: *Ich stelle den Computertisch **vor das Fenster**.*
(WOHIN stelle ich den Computertisch?)

1 Setze die bestimmten Artikel im richtigen Fall ein. Bei den ersten sechs Beispielen sind die Fälle angegeben. Bei den anderen Beispielen musst du selbst entscheiden, welcher Fall gefordert ist.

Baustelle

Mein Vater arbeitet als Maurer auf *(Dativ)* _____ Baustelle.

Jeden Tag fährt er auf *(Akkusativ)* _____ Baustelle.

Zuerst geht er in *(Akkusativ)* _____ Bauwagen.

In *(Dativ)* _____ Bauwagen ziehen sich alle Maurer um.

Mein Vater klettert zu Beginn seiner Schicht auf *(Akkusativ)* _____ Baustellengerüst.

Auf *(Dativ)* _____ Baustellengerüst liegen schon seine Werkzeuge bereit.

Die Ziegel werden von einem Kollegen auf _____ Hebebühne gebracht.

Auf _____ Hebebühne werden die Ziegel dann nach oben transportiert.

Der Maurer, der neben _____ Vater arbeitet, nimmt die Ziegel von der Hebebühne.

Er stellt sie neben _____ Kalkeimer.

2 Ergänze in den folgenden Sätzen die passende Präposition und den Artikel im richtigen Fall.

a) Nick spricht mit Sarah _____ Ausflug am Wochenende.

b) Muna ist glücklicherweise erst _____ Ziellinie gestürzt.

c) Mehmet zeigt _____ Trampolin waghalsige Sprünge.

d) Mein Freund ist plötzlich ausgerutscht und rückwärts _____ Bach gefallen.

e) So schnell wie ein Wiesel klettert Carolin _____ Kirschbaum.

f) _____ Tafel steht der Text, den wir abschreiben sollen.

→ **Zusammengesetzte Wörter**

M

Zusammengesetzte Wörter

Wenn man zwei Nomen zusammensetzt, entsteht ein **zusammengesetztes Wort**:
*Fuß + Ball → **Fußball*** *Frucht + Bonbon → **Fruchtbonbon***

Das Wort, das am Ende einer Zusammensetzung steht, nennt man **Grundwort**. Es legt die Grundbedeutung des zusammengesetzten Wortes fest:
*Der Fuß**ball** ist ein **Ball**,*
*das Frucht**bonbon** ist ein **Bonbon**.*

Das Wort, das am Anfang einer Zusammensetzung steht, nennt man **Bestimmungswort**. Es bestimmt die Bedeutung des Grundwortes näher:
*Der **Fuß**ball ist ein Ball, der mit dem **Fuß** gespielt wird,*
*das **Frucht**bonbon schmeckt nach einer **Frucht**.*

1 Welche Begriffe verbergen sich hinter den acht Erklärungen? In jedem Fall kommt ein zusammengesetztes Wort heraus. Die Wortsammlung kann dir bei der Lösung helfen.

Trauer Angst Wasser Hammel Holz
~~Stern~~ Streit Weide Hase Zwerg Säge
Mütze ~~Warte~~ Wolle Glas Pudel

1) ein Gebäude, in dem man Sterne betrachten kann

Sternwarte

2) ein Mensch, der sich oft mit anderen streitet

3) ein Gerät, mit dem man Holz bearbeitet

4) ein stets „trauernder" Baum

5) ein Mensch, der sich wie ein Hase nichts traut

6) eine Mütze, die vor Kälte schützt

7) ein Hund, der sehr klein ist

8) ein Glas, aus dem man Wasser trinkt

2 Welches Substantiv passt als **Grundwort** zu den Wörtern einer Reihe?

a) Abenteuer, Märchen, Tier **BAUM**
b) Nadel, Laub, Apfel **FILM**

Schreibe die zusammengesetzten Wörter auf.

3 Welches Substantiv passt als **Bestimmungswort** zu den Wörtern einer Reihe?

a) **MUSIK** Decke, Lampe, Tennis
b) **TISCH** Schule, Film, Kassette

→ Wörter mit Vorsilben (Präfixen) und Nachsilben (Suffixen)

M

Vorsilben (Präfixe) und Nachsilben (Suffixe)

Vorsilben (Präfixe) können **vorn** an ein Wort angefügt werden. Dieses Wort bekommt dann eine andere Bedeutung:
legen: _anlegen, ablegen, umlegen, auflegen, belegen, verlegen, zerlegen._

Mit **Nachsilben (Suffixen)**, die an das **Ende** des Wortstammes angefügt werden, können neue Wörter gebildet werden.
Die Nachsilben legen die **Wortart** des neuen Wortes fest:
sauber + -keit → die Sauberkeit   _der Fehler + -haft → fehlerhaft_

Die wichtigsten **Suffixe** für **Nomen** sind: **-heit, -keit, -ling, -nis, -ung, -schaft, -tum, -er**.
Die wichtigsten **Suffixe** für **Adjektive** sind: **-bar, -haft, -ig, -isch, -lich, -los, -sam**.

1 Füge den Verben passende Vorsilben an. Du kannst aus den Vorsilben
rechts aussuchen. Jede Vorsilbe sollte nur einmal vorkommen.

Kannst du bitte mit deiner ständigen Meckerei _____ hören? Mia hat vor Wut den Brief _____ rissen.

Wir sollten Nina wirklich mehr _____ trauen. Während des starken Sturms sind viele Bäume

_____ geknickt. Maria hat das Gedicht ausdrucksstark _____ getragen. Vater muss jetzt jeden Mor-

gen die Windschutzscheibe _____ frosten. Julian hat das Gefühl, dass wir ihm bei allem, was er tut,

_____ trauen. Wir haben gerade _____ fahren, dass morgen die erste Stunde _____ fällt.

_er-_
ver-
aus-
ent-
zer-
_um-_
auf-
miss-
vor-

2 Zu allen Verben einer Reihe passt immer dieselbe Vorsilbe.

a) _____: brauchen, antworten, arbeiten, bieten, dienen, fallen, geben, halten, hungern

b) _____: decken, falten, fliegen, führen, gehen, gleiten, halten, kommen, reißen, schärfen

c) _____: stören, brechen, beißen, gehen, knittern, reiben, schlagen, schneiden, setzen

Nachsilben-Chaos

Leon stand auf dem Zehnmeterturm. (1) _Feigung_ wäre jetzt das Letzte, dachte er. Und auch ein bisschen (2) _Eitelheit_ war dabei. Aber das soll mir eine (3) _Warnkeit_ sein, immer so anzugeben – und das noch vor der ganzen (4) _Manntum_. Leon ging (5) _langbar_ und (6) _scheinsam_ (7) _furchthaft_ nach vorn. Er gab sich einen Ruck und sprang (8) _mutlich_ in die Tiefe. Als er wieder auftauchte, sagte er sich: Na, wenigstens bin ich kein (9) _Feigchen_ gewesen.

3 Schreibe die neun Wörter mit der richtigen Nachsilbe auf. Du kannst aus den Suffixen aus
dem Kasten oben auswählen. Achte dabei auf die Groß- und Kleinschreibung der Wörter.

_____

_____

→ Wortfelder

1 Sechs Verben des folgenden Textes gehören dem Wortfeld *sprechen* an.
Sie sind allerdings nicht sinnrichtig verwendet worden. Markiere sie.
Schreibe die passenden Verben in der richtigen Form daneben auf.
Wenn du sie nicht selbst findest, dann sieh in die Wörterliste.
Dort stehen alle sechs gesuchten Verben drin.

antworten   *flüstern*   *prahlen*
babbeln   *fragen*   *reden*
berichten   *informieren*   *sprechen*
einwenden   *labern*   *stammeln*
entgegnen   *petzen*

1) In der Biologiestunde hat Fatima in einem
   Kurzvortrag über seltene Pflanzen gequatscht.
2) „Kannst du nicht etwas lauter brüllen?
   Ich verstehe dich so schlecht."
3) „Ich bin der Stärkste in der Klasse, mich besiegt
   keiner", jammerte Paul.
4) Ömer, Noah und Jan steckten ihre Köpfe
   zusammen und riefen leise miteinander.
5) „Bitte, plappere uns doch über die gestrige Schüler-
   ratssitzung!", forderte Herr Meyer Tim auf.
6) „Wenn jemand etwas dagegen zu sagen hat,
   dann sollte er es spätestens jetzt tun."

2 Hier sind die Wörter von vier Wortfeldern durcheinandergeraten. Ordne sie in die
vorgegebenen Wortfelder ein. Für ein Wortfeld musst du die Überschrift selbst finden.
Achtung! Zwei Wörter gehören in keins der vier Wortfelder. Streiche sie durch.

schuften   *sich beschäftigen*   *sich plagen*   *beobachten*   *betrachten*
gucken   *lauschen*   *die Ohren spitzen*   *erklären*   *trödeln*
vernehmen   *horchen*   *zupacken*   *zugreifen*   *sich abmühen*
blinzeln   *schauen*   *schimpfen*   *blicken*   *erwähnen*
ächzen   *knabbern*   *wispern*   *zuhören*   *glotzen*

hören:

arbeiten:

sprechen:

???

→ Satzglieder – Umstellproben

Rettung in letzter Minute

Gestern Nachmittag war ich mit unserem Hund Mux auf dem zugefrorenen Stadtteich.
Mux ist ein schwarzer Labrador, und ich gehe oft mit ihm spazieren.
Ich wusste zwar, dass es gefährlich ist, aufs Eis zu gehen,

ich achtete trotzdem nicht auf die Gefahr.

Ich hörte das Eis auf einmal verdächtig knacken.

Ich wollte noch schnell zurücklaufen.

Ich brach aber plötzlich ein. (Ich fiel ins eiskalte Wasser.)

Ich sah Mux am Rand des Eislochs stehen.

Ich schrie da wie wahnsinnig um Hilfe.

Ich schob meine Arme mit aller Kraft über das Eis.

Ich konnte mich aber nicht festhalten.

Da schnappte Mux nach meinem Jackenärmel.

Er hat sich richtig darin verbissen.

Er zerrte dann an dem Ärmel.

Er zog mich schließlich mit aller Kraft aus dem Loch.

Ich wurde so in letzter Minute gerettet.
Spaziergänger hatten in der Zwischenzeit schon die Polizei über Handy verständigt.
So kamen wir beide wieder heil nach Hause.

1 Viele der Sätze oben beginnen mit *ich* oder *er*. Stelle in jedem dieser Sätze
ein anderes Satzglied an den Satzanfang. Dann wird der Text besser.

→ Adverbiale ermitteln

Adverbiale

Adverbiale sind Satzglieder, die aus einem oder aus mehreren Wörtern bestehen können. Man unterscheidet:

Adverbiale der Zeit (wann, wie lange, seit wann?): *jetzt, am frühen Abend ...*
Adverbiale des Ortes (wo, woher, wohin?): *hier, an dieser Stelle ...*
Adverbiale der Art und Weise (wie, womit?): *gern, mit viel Vergnügen ...*

Das Leben im Mittelalter

a) Im Mittelalter gab es zahlreiche Handwerker in den Städten.   *Zeit, Ort* _____

b) Sie hatten in ihren Werkstätten eine Menge zu tun.   _____

c) Alle Gebrauchsgegenstände wurden mit der Hand hergestellt.   _____

d) So gab es damals den Beruf des Nadlers.   _____

e) Er fertigte auf geschickte Weise Nähnadeln.   _____

f) Eine besondere Ausrüstung benötigten in jener Zeit die Ritter.   _____

g) Diese wurde in speziellen Schmieden angefertigt.   _____

h) Waffen- und Hufschmiede bearbeiteten auf ihren Ambossen
   das Eisen zu Rüstungen, Schwertern, Nägeln und Hufeisen.   _____

i) Zahlreiche Berufe sind heute ausgestorben,
   weil man sie im Laufe der Zeit nicht mehr benötigte.   _____

j) Aber auch viele Lebensgewohnheiten haben sich seit früher geändert.   _____

k) Vor 700 Jahren gab es während des Tages drei Mahlzeiten,
   die täglich dieselben Nahrungsmittel enthielten.   _____

l) Am Morgen wurde auf der Kochstelle eine einfache Suppe gekocht.   _____

m) Einen Brei aus Hafer oder Bohnen gab es mittags,
   und am Abend gab es Brot und Käse.   _____

n) Wenn man das etwas genauer mit den Angeboten vergleicht,
   die man heute in Geschäften findet, möchte wahrscheinlich
   keiner mehr gern im Mittelalter leben.   _____

1 Schreibe am Rand der Sätze a) bis j) auf, um welche Arten von Adverbialen es sich bei den unterstrichenen Satzgliedern handelt.

2 Unterstreiche oder markiere in den Sätzen k) bis n) die Adverbiale. Es gibt immer mehrere in einem Satz! Schreibe die Arten der Adverbiale an den Rand.

→ **Subjekt und Prädikat**

Subjekt und Prädikat

M

Das **Subjekt** und das **Prädikat** sind die wichtigsten Satzglieder in einem Satz.

Das **Subjekt** steht normalerweise **am Anfang** des Satzes. Es kann aus einem Wort oder aus mehreren Wörtern bestehen: *Lotte – Das arme Mädchen.*

Das **Subjekt** sagt aus, **wer** etwas tut oder mit wem etwas geschieht. Deswegen kann es mit Fragen wie **wer?** oder **was?** ermittelt werden: *Lotte kränkelt. Sie sitzt. Das arme Mädchen langweilt sich.*

Das **Prädikat** steht fast immer **an zweiter Stelle** des Satzes. Es kann aus einem Wort oder aus mehreren Wörtern bestehen: *kränkelt – langweilt sich – kann spielen.*

Das **Prädikat** sagt aus, was **getan wird** oder **passiert**: *Lotte kränkelt. Sie sitzt. Das arme Mädchen langweilt sich.*

1 Bis auf den letzten Satz bestehen die folgenden Sätze nur aus Subjekten und Prädikaten. Unterstreiche oder markiere die Subjekte und Prädikate in verschiedenen Farben.

Verena ist erkrankt. *Verena ist seit einigen Tagen erkrankt.* _____

Sie langweilt sich. _____

Sie wartet. _____

Will niemand kommen? _____

Das arme Mädchen hustet. _____

Verena hat sich erkältet. _____

Es klopft. Die Tür geht auf! _____

Ihre Freundin Lotte kommt. _____

Lotte tritt ein. _____

Verena richtet sich auf. _____

Sie freut sich. _____

Lotte setzt sich. _____

Sie erzählt. _____

Verena hört zu. _____

„Du wirst sehen", sagt Lotte, „bald bist du wieder gesund!"

2 Erweitere nun die Sätze, damit die Geschichte etwas interessanter wird.

→ Das Dativ- und das Akkusativobjekt

Dativ- und Akkusativobjekt

Das Dativobjekt kann man mit der Frage **wem?** erfragen:
Die Mutter gratuliert (wem?) **dem Kind** *zum Geburtstag.*
Das Akkusativobjekt kann man mit den Fragen **wen?** oder **was?** erfragen:
Die Lehrerin lobt (wen?) **den Schüler.** *Sie liest (was?)* **eine Geschichte** *vor.*

Blaumeisen

Blaumeisen führen für einige Wochen *(was?)* ___ein anstrengendes Leben___ . Nach dem Schlüpfen wollen die

Jungen sofort *(was?)* _____ . Von Sonnenaufgang bis

Sonnenuntergang bringen die Eltern *(wem?)* _____

(was?) _____ . Jedes Elternteil stopft

(wem?) _____ *(was?)* _____ in den

Schnabel. Unermüdlich versorgen sie *(wen?)* _____ ,

die *(wem?)* _____ keine Ruhe lassen.

Zum Füttern muss das Paar bis zu 1000-mal täglich *(was?)* _____ anfliegen.

ihr erstes Futter   ~~*ein anstrengendes Leben*~~
den Eltern   *ihre Beute*   *dem kleinen Nachwuchs*
den Jungen   *das Nest*   *Würmer und Larven*
ihre lauten Schreihälse

1 Setze in den ersten Teil des Textes die fehlenden Objekte ein.

2 Setze im zweiten Teil die Begriffe **Dativ** oder **Akkusativ** ein.

Doch nach zwei bis drei Wochen verlassen die jungen Blaumeisen fast gleichzeitig

ihr Zuhause (_Akkusativ_). Aber sie fliegen ihren Eltern (_____)

nicht sofort für immer davon. Sie betteln den Altvögeln (_____)

noch ungefähr zwei Wochen lang weiteres Futter (_____) ab.

Danach steht den meisten jungen Blaumeisen (_____)

in der Regel ein kurzes Leben bevor. Die wenigsten Jungmeisen überleben

den Sommer (_____).

Sprache und Sprachgebrauch

M

→ Sätze mit Subjekt und Objekten

Subjekt und Objekt

Das **Subjekt** in einem Satz sagt meistens aus, wer etwas tut:
Der Vater (wer?) *schenkt dem Sohn ein neues Fahrrad.*

Die **Objekte** sagen aus, auf wen sich das Tun richtet:
Der Vater schenkt (wem?) ***dem Sohn*** (wen oder was?) ***ein neues Fahrrad***.

1 Setze im folgenden Text für die Subjekte *(Wer?)* und für die Objekte *(Wem? Wen oder was?)* Wörter ein, die passen.

Glück gehabt!

Ein Taschendieb   hatte   einem Mann   die Brieftasche   gestohlen.
Wer?   hatte   **wem?**   **wen oder was?**   gestohlen.

Wer? rannte **wem?** hinterher.

Wer? konnte **wen oder was?** festhalten.

Wer? benachrichtigte mit seinem Handy **wen oder was?**

Wer? war schnell zur Stelle.

Wer? nahm **wem? wen oder was?** wieder ab.

Wer? wurde abgeführt.

2 Setze im folgenden Text für **Subjekt, Akkusativ-Objekt, Dativ-Objekt** folgende Wörter ein:
ein Taschendieb – dem Dieb – der Dieb – den Diebstahl – die Brieftasche – einem Mann – der Mann – der Mann – dem Mann – das Polizeirevier – die Polizei – schnelle Hilfe – seine Brieftasche – der Mann – der Bestohlene

Pech gehabt!

Subjekt hatte Dativ-Objekt Akkusativ-Objekt gestohlen.

Subjekt hatte Akkusativ-Objekt sofort bemerkt.

Subjekt rannte Dativ-Objekt hinterher.

Doch Subjekt war plötzlich verschwunden.

Subjekt suchte Akkusativ-Objekt auf.

Subjekt versprach Dativ-Objekt Akkusativ-Objekt.

Doch leider bekam Subjekt Akkusativ-Objekt nicht wieder.

→ Das Attribut

Attribut

Substantive (Nomen) werden durch beigefügte Wörter **näher** bestimmt.
Solche Beifügungen nennt man **Attribute**. Oft stehen sie **vor** dem Substantiv:
Die Rehe leben in Wäldern. → *Die **scheuen** Rehe leben in **dichten** Wäldern.*

Attribute können nur mit dem Satzglied, zu dem sie gehören, umgestellt werden:
→ *In dichten Wäldern leben die **scheuen** Rinder.*

1 Unterstreiche in dem folgenden Text alle Attribute. Es sind insgesamt 13.

Vergeblicher Badeausflug

Wir fuhren mit den Rädern in ein Freibad. Die Straße führte durch weite
Feldfluren. Am Wegesrand blühte der rote Klatschmohn. Dort machten wir
eine kurze Rast. Wir freuten uns schon auf das erfrischende Bad. Dort aber
erlebten wir eine böse Überraschung. Am Eingangstor stand auf einem kleinen Zettel: „Aus technischen Gründen muss das Freibad heute geschlossen
bleiben." Dann hatte Pia den rettenden Einfall: „Zwei Kilometer von hier
ist ein kleiner Bach, der ist zwar nicht tief, aber dafür hat er kaltes Wasser."
Also machten wir uns auf den Weg und hatten dort großen Spaß.

2 Füge in den folgenden Text diese neun Attribute passend ein.

dreitägige	*kenianischen*	*wirkliches*
achtfache	*ganzes*	*sechzig*
verpassten	*großen*	*lebenslangen*

Mit 84 Jahren zum Schulabschluss

In Kenia zeigt ein Bauer <u>wirkliches</u> Interesse an einem _____

Lernen. Vor _____ Jahren hatte er die Schule abbrechen müssen.

Das hat ihn sein _____ Leben geärgert. Den _____

Schulabschluss holte der 84-Jährige jetzt nach. Der _____ Vater legte

die _____ Prüfung für die Grundschule erfolgreich ab. Nun hat er noch

einen _____ Traum: Er will in der _____

Hauptstadt Nairobi Jura studieren.

→ Wörter nach dem Alphabet suchen

Du weißt: Die Wörter in einem Wörterbuch sind nach dem
Alphabet geordnet. Wenn du nicht bei jedem Wort das ganze
Buch durchblättern willst, musst du das Abc genau kennen,
sonst dauert es eine Ewigkeit, bis du ein Wort gefunden hast.
Eine einfache Übung, um dich besser in deinem Wörterbuch
zurechtzufinden, ist die folgende:

A

A: (erster Buchstabe des Alphabets); von
A bis Z – das A und O (das Wesent-
liche einer Sache; der Anfang und
das Ende, von „Alpha" und „Omega",
den Anfangs- und Endbuchstaben im
griech. Alphabet)
AA: *Abk. für* Auswärtiges Amt
Aal, der: des Aal(e)s, die Aale; **aalglatt**;
sich in der Sonne **aalen**
Aas, das: des Aases, die Aase (Tierka-
daver); **aasen** (mit Geld oder Sachen
verschwenderisch umgehen)

1 Suche und schreibe zum Beispiel das erste Wort mit **A** auf.
Da findest du zuerst den Buchstaben **A**, dann
die Abkürzung **AA**. Das erste wirkliche Wort ist aber **Aal**.
Schreibe also nur das erste richtige Wort auf!

das erste Wort mit M _____

das erste Wort mit H _____

das erste Wort mit B _____

das erste Wort mit T _____

das letzte Wort mit N _____

das erste Wort mit J _____

das erste Wort mit F _____

das letzte Wort mit M _____

das erste Wort mit G _____

das letzte Wort mit Z _____

2 Suche jetzt einmal irgendein Wort mit einem seltenen Buchstaben,
das du hier aufschreibst.

ein Wort mit Qu _____

ein Wort mit Y _____

ein Wort mit J _____

ein Wort mit C _____

ein Wort mit X _____

ein Wort mit V _____

→ Wenn du ein Wort möglichst schnell finden möchtest

Die Wörter unten links findest du als Stichwörter am Anfang einer Spalte im Wörterbuch. Wenn du z. B. das Wort *Gespenst* suchst, dann findest du es herausgerückt oder auf andere Weise markiert.

Die Wörter unten rechts stehen nicht am Anfang einer Legende im Wörterbuch. Du findest sie unter den anderen Schlagwörtern einer Spalte aufgeführt. Wenn du z. B. das Wort *gespenstisch* suchst, dann findest du es unter dem verwandten Wort *Gespenst*.

Ge|spenst, das: des Gespenst(e)s, die Gespenster; er sieht Gespenster; ge-spenstig, gespenstisch

Ge|spenst, das: des Gespenst(e)s, die Gespenster; er sieht Gespenster; ge-spenstig, gespenstisch

1 Du kannst mit dir selbst oder mit anderen einen kleinen Wettkampf im schnellen Nachschlagen durchführen. Suche die folgenden Wörter in deinem Wörterbuch und schreibe die Seitenzahlen dahinter auf.

Gespenst _____

Kiosk _____

Fratze _____

babbeln _____

Spaghetti _____

bibbern _____

Vormittag _____

Dogge _____

Galopp _____

Korridor _____

Meerschweinchen _____

watscheln _____

Shorts _____

Makkaroni _____

kompliziert _____

Brombeere _____

Konfekt _____

fies _____

gespenstisch _____

kitzelig _____

bruchrechnen _____

Bastelei _____

Wischiwaschi _____

bewusstlos _____

kuschelig _____

Geisterfahrer _____

Frühstück _____

Schienbein _____

Papierkorb _____

Goldmedaille _____

vormittags _____

Pferdefutter _____

Olympiade _____

brustschwimmen _____

Blinddarm _____

Endspurt _____

→ Wenn du nicht sicher bist, wie ein Wort geschrieben wird

Dein Wörterbuch will dir vor allem bei der Rechtschreibung helfen.
Wenn du nicht sicher bist, wie ein Wort geschrieben wird, kannst du es nachschlagen.
Dafür musst du aber zuerst einmal unsicher sein!
Wer nämlich keinen Zweifel hat, der schlägt auch nicht nach.
Wir haben hier einmal einige Wörter abgedruckt, bei denen du Zweifel haben könntest.
(Wenn du sicher bist, wie ein Wort geschrieben wird, schlage es trotzdem nach. Das übt!)
Wenn du unsicher bist, musst du oft an zwei verschiedenen Stellen nachschlagen.

1 Schreibe die Wörter richtig auf.
Schreibe dazu, auf welcher Seite du sie gefunden hast.

Mit e oder mit ä?

die ?rmel _____

das ?lfenbein _____

der ?quator _____

Mit f oder mit v?

die ?itamine _____

der ?akir _____

das ?entil _____

Mit eu oder äu?

das ??ter _____

??ßerlich _____

der ??mel _____

Mit c, ch oder k?

der ??arakter _____

die ??assette _____

der ??aravan _____

Mit c oder k – oder geht beides?

die ?rem _____

der ?lown _____

der ?lub _____

Mit f oder ph – oder geht beides?

??antastisch _____

??otogra??ie _____

das ??antom _____

Mit ss oder mit ß?

die Fairne?? _____

die Litfa??säule _____

der Kolo?? _____

Mit s oder mit ß?

der Rei?brei _____

der Grie?brei _____

der Wei?heitszahn _____

→ Lernwörter mit e üben

Hier findest du 15 Wörter, die alle mit **e** geschrieben werden.
Da man aber nicht deutlich hören kann, ob sie mit
e oder **ä** geschrieben werden, kommen schon einmal
Fehler vor. Deswegen lohnt es sich, sie zu üben.
Und so kannst du das tun:

Schmerzen	*fremd*	*Scherben*
rempeln	*Ende*	*endlich*
Kerzen	*sprengen*	*stempeln*
Spende	*stechen*	*verderben*
anstrengen	*Hem*	*Konfekt*

1 Ordnen nach dem Abc:

anstrengen _____

Ende _____

_____

_____

_____

_____

_____

_____

_____

_____

2 Reimpaare zusammenstellen:

anstrengen – sprengen _____

_____

_____

_____

_____

_____

_____

3 Wörter nach der Zahl der Buchstaben ordnen:

4: Ende, _____

5: _____

6: _____

7: _____

8: _____

9: _____

4 Verwandte Wörter aufschreiben zu:

Ende: endlich, _____

Schmerzen: schmerzlich, _____

fremd: der Fremde, _____

Gewusst wie:
**Arbeits-
techniken**

→ **Fremdwörter üben**

Hier findest du 20 Fremdwörter,
die in ihrer Schreibung
nicht ganz einfach sind.
So kannst du sie üben:

Makkaroni	*Chor*	*Diskus*	*Rouladen*	*Kakao*
Mathematik	*Tennis*	*Gitarre*	*Lineal*	*Keyboard*
Omelett	*Klavier*	*Pudding*	*Zirkel*	*Athlet*
Etui	*Volleyball*	*Orchester*	*Diktat*	*Hockey*

1 Stelle die Wörter zu Wortfeldern zusammen.
Sie haben alle mit den folgenden Gebieten zu tun.
Von jeder Sorte gibt es fünf:

Essen, Trinken: **Sport:**   **Musik:**   **Schule:**

_____   _____   _____   _____

_____   _____   _____   _____

_____   _____   _____   _____

_____   _____   _____   _____

_____   _____   _____   _____

2 Schreibe die kürzesten dieser Wörter auf – und die längsten.
Dazu musst du aber die Buchstaben genau zählen!
Schreibe die Anzahl der Buchstaben hinter die Wörter:

Wörter mit 4, 5, 6 Buchstaben: _____

_____

Wörter mit 9 und mehr Buchstaben: _____

_____

3 Schreibe die Wörter auf, die bestimmte Merkmale besitzen:

Doppelkonsonanten: *Makkaroni,* _____

_____

Besondere Vokale (**ey, ou, y, ao, oa**): _____

_____

Besondere Konsonanten (**th, ch**): _____

_____

→ Häufige Fehlerwörter üben

Hier findest du 20 Wörter, die
sehr oft falsch geschrieben werden.
Es lohnt sich, sie zu üben.
Und so kannst du das tun:

abends	*nämlich*	*ärgern*	*Fahrrad*	*passiert*
Spaß	*verrückt*	*vielleicht*	*bloß*	*ziemlich*
Idee	*endlich*	*bisschen*	*kam*	*eigentlich*
enttäuscht	*kaputt*	*interessant*	*plötzlich*	*meistens*

1 Schreibe zu einigen Wörtern verwandte Wörter auf:

Spaß: _____

ärgern: _____

endlich: _____

interessant: _____

2 Schreibe sie von *abends* bis *ziemlich* nach dem Alphabet geordnet auf.

_____

_____

_____

_____

3 Fünf Wörter bestehen aus zwei Silben, von denen
die erste mit einem Konsonanten aufhört und die zweite
mit demselben Konsonanten anfängt.
Schreibe sie mit Silbentrennungsstrich auf:

ver-rückt, _____

_____

4 Schreibe die fünf Wörter mit **ss** und **ß** auf:

_____

_____

_____

_____

5 Schreibe die fünf Wörter mit der Nachsilbe **-lich** auf:

_____

_____

_____

_____

→ **Aus einem Sachtext Informationen entnehmen**

Wer ein Tier zu Hause halten möchte, kann aus Tierratgebern
wichtige Informationen erhalten.

1 Lies den folgenden Text, der bereits in Abschnitte unterteilt ist.
Der Text stammt aus einem Ratgeber über die Haltung von Meerschweinchen.

Die meisten Käfige, die in Supermärk-
ten oder Zoofachhandlungen verkauft
werden, sind zu klein. Wenn man einen
Käfig selbst bauen möchte, dann muss
5 dabei auf einen Futterplatz, ein Klo, eine
Ruhestelle und ein Häuschen als Rück-
zugsmöglichkeit geachtet werden. Viel
Platz zum Toben brauchen Meerschweinchen auch.

10 Meerschweinchen sind sehr empfindlich.
Bei falscher Ernährung, Zugluft oder
mangelnder Pflege werden sie schnell
krank und ihr Fell wird stumpf. Wichtig
ist neben der Fellpflege das regelmäßige
15 Schneiden der Krallen. Dafür gibt es spezielle Zangen im Fachhandel, die einer
Krankheit an den Krallen vorbeugen.

Meerschweinchen sind sehr gesellige
Tier. Sie leben nicht gern allein. Ihre
20 natürlichen Verhaltensweisen können
sie nur gemeinsam ausleben. Egal, wie
liebevoll sie gepflegt werden, ein Mensch
kann ihnen nicht einen tierischen Partner ersetzen.

25 Meerschweinchen brauchen täglich
mindestens eine Stunde Auslauf in der
Wohnung. Es macht Spaß, ihnen dabei
zuzusehen, aber sie sind sehr schnell
und neugierig. Deshalb sollte man in der
30 Wohnung Kabel und giftige Zimmer-
pflanzen vor ihnen sichern. Sonst kann
ein Auslauf lebensgefährlich werden.

Als Futter sind Salat, Möhren und Äpfel
bei Meerschweinchen sehr beliebt.
35 Auch Gemüse, Körner und Brot darf
man ihnen geben. In Tierfachgeschäften
gibt es Pressfutter zu kaufen. Wichtig
ist immer, dass das Futter trocken im
Käfig liegt. Es darf nicht durch Trink-
40 wasser nass oder durch Kot und Urin
verschmutzt werden. Diese Futterregeln
sind für die Gesundheit der Tiere unbedingt zu beachten.

Meerschweinchen vermehren sich sehr
45 schnell. Ein Weibchen ist alle 16 bis 18
Tage paarungsbereit. Nach einer Trag-
zeit von 67 bis 69 Tagen bekommt das
Weibchen ein bis sechs Junge. Nur einen
halben Tag nach der Geburt kann es wie-
50 der trächtig werden.

Geselligkeit   Käfig   Auslauf   Pflege   Vermehrung

2 Suche aus diesen Möglichkeiten die passende Überschrift zu jedem Abschnitt.
Für einen Abschnitt musst du eine eigene Überschrift finden.

→ Sachtexte ordnen

A   1   Meerschweinchen werden bei uns in Europa häufig als Haustiere gehalten, doch ihre Heimat ist eigentlich Südamerika.

2   Meerschweinchen gehören zu den beliebtesten Haustieren, denn sie sind sehr zutraulich.

3   In diesem Teil der Erde gehören sie zu den ältesten Haustieren, die von den Wildmeerschweinchen abstammen.

4   Wer sich deshalb auch ein Meerschweinchen halten möchte, sollte viel über ihre Pflege und Ernährung wissen.

5   Bereits bei den Inkas, den Ureinwohnern Südamerikas, lebten Meerschweinchen als Haustiere.

6   Das ist ganz wichtig, weil die Hauptursache für die meisten Krankheiten falsche Ernährung und schlechte Haltung der Meerschweinchen ist.

7   Sie waren aber nicht als Spielfreunde für die Kinder gedacht, sondern als Bereicherung für den Speiseplan einer Familie.

8   Nach Europa kamen sie erst später, nämlich im 16. Jahrhundert durch spanische Seefahrer.

9   Spezielle Fachbücher, die man auch in Bibliotheken ausleihen kann, geben von A bis Z über Meerschweinchen genauestens Auskunft.

10   Auch wenn man viel über Meerschweinchen gelesen hat, ist es für unerfahrene Tierhalter oft schwer, ihre Krankheiten zu erkennen und richtig zu deuten.

11   Hier wurden die Meerschweinchen immer beliebter, denn die Haltung im Haus war einfach.

12   Deshalb ist es wichtig, die Tiere genau zu beobachten und sie bei Veränderungen zu einem Tierarzt zu bringen.

13   In Deutschland gehören heute die Meerschweinchen zu den am häufigsten in Zoohandlungen gekauften Tieren.

14   Hier kann den kleinen Freunden fachmännisch geholfen werden, und die Freude am Haustier bleibt erhalten.

1 Hier sind zwei Texte über Meerschweinchen durcheinandergeraten.
Entwirre beide Texte. Schreibe dazu **A** oder **B** links neben die Sätze.
Finde für jeden Text eine passende Überschrift.

Text A _____

Text B _____

Quellen

Texte

Seite 4–5: In Leipzig und Dresden – die weltgrößten 360-Grad-Panoramen. Nach folgenden Internetquellen zusammengestellt: http://de.wikipedia.org/wiki/Yadegar_Asisi (am 22.9.2010), http://www.asisi.de/de/Panometer/8848Everest (am 27.12.2010), http://www.leipzig-info.net/events/romcccxii/ (am 22.9.2010), http://www.asisi.de/de/Panometer/Amazonien/Panoramaprojekt/ (am 22.9.2010), http://www.alt-connewitz.de/panometer_leipzig.html (am 27.12.2010) und http://www.asisi.de/de/Panometer/Dresden/ (am 22.9.2010)

Seite 7: Der Basilisk in Torgau. Nach: ftp://ftp.gwdg.de/pub/misc/Gutenberg-DE/gutenberg.spiegel.de/sagen/sachsen/basil.htm (am 13.11.2010)

Seite 9: Der große Topf zu Penig (leicht verändert). Aus: Das eingemauerte Burgfräulein. Aus dem Sagenschatz von Chemnitz und Umgebung. Teil I. Mironde-Verlag, Rabenstein 2006

Seite 11: Text zur Entstehung der Sage „Der große Topf zu Penig". Nach: http://www.rochlitzermuldental.de/region-entdecken/lebendige-geschichte/item/101-der-„große-topf-zu-penig" (am 11.12.2010)

Seite 14–15: Die sieben Trappen. Originalbeitrag nach: Christa Hinze, Ulf Diederichs: Sagen aus Niedersachsen. München 1977

Seite 26: Hans Baumann: Am einunddreißigsten Februar. Ersterscheinen 1968 im Paulus Verlag G. Bitter Recklinghausen. © 2013 Veronika Braune-Baumann

Seite 27: Josef Guggenmos: Der Mann im Schnee. Aus: Überall und neben dir. Gedichte für Kinder. Hg. von Hans-Joachim Gelberg. © 1986, 1994 Beltz Verlag, Weinheim und Basel. Programm Beltz & Gelberg, Weinheim und Basel

Seite 28–29: Elisabeth Stiemert: Von dem Jungen, vor dem alle Angst hatten. Aus: Die Sammelsuse. Hg. von Elisabeth Stiemert. © Gerstenberg Verlag, Hildesheim 1984

Seite 30: Brüder Grimm: Die Sterntaler. Aus: Grimms Märchen. 6. Auflage. Anton & Co. Verlag, Leipzig 1935

Seite 31: Brüder Grimm: Der süße Brei. Aus: Die Kinder- und Hausmärchen der Brüder Grimm. Der Kinderbuchverlag, Berlin 1963

Seite 31: Das grüne Licht. Nach: www.ika.com.maerchen/sk (am 29.02.2004)

Seite 32: Brüder Grimm: Die Wassernixe. Nach: Die älteste Märchensammlung der Brüder Grimm. Hg. von Heinz Rölleke. Cologny-Geneve 1975

Seite 33: Brüder Grimm: Die Wichtelmänner. Aus: Die schönsten Märchen der Brüder Grimm. Bearbeitet von Renate Lüpke und Waltraud Villaret. © Bertelsmann Reinhard Mohn OHG, Gütersloh

Seite 34: Brüder Grimm: Prinzessin Mäusehaut. Aus: Kinder- und Hausmärchen der Brüder Grimm. Vollständige Ausgabe in der Urfassung. Hg. von Friedrich Panzer. Vollmer Verlag, Wiesbaden

Bilder

|Alamy Stock Photo, Abingdon/Oxfordshire: 7.1; (Wal) Titel. |Asisi Panometer Dresden und Leipzig, Leipzig: 4.1, 4.2, 4.3. |BVB Merchandising/Sportfive GmbH, Dortmund: 21.1. |Juhnke, Karl, Braunschweig: 36.1. |Picture-Alliance GmbH, Frankfurt/M.: Gierth, Friedel 12.1. |plainpicture, Hamburg: (Mädchen) Titel. |Stadt Penig, Penig: 11.1. |Städtische Bibliotheken Dresden, Dresden: 38.1, 38.2, 38.3, 38.4. |ullstein bild, Berlin: The Granger Collection 8.1. |VfL Wolfsburg-Fußball GmbH, Wolfsburg: 21.2. |Wikimedia Deutschland e.V., Berlin: Grombo 14.1.

→ Lösungen zum Arbeitsheft „Praxis Sprache 5 Sachsen"

Seite 5–6:

Aufgabe 1 (mögliche Lösung): die größten Panoramen der ganzen Welt, Eindruck der Grenzenlosigkeit, Riesenrundbild vom prachtvollen alten Rom, wie auf einer Reise in die Vergangenheit, verzaubert (...) mit einem sagenhaften Bild in den Regenwald, kann hautnah einen Tagesablauf miterleben

Aufgabe 3:

4. Schritt: Schlüsselwörter und Zwischenüberschriften (mögliche Lösung):

In Leipzig und Dresden – die weltgrößten 360-Grad-Panoramen

1) Die Panoramen des Yadegar Asisi

In Leipzig und Dresden stellt der Künstler Yadegar Asisi seit 2003 die größten Panoramen der ganzen Welt aus. Ein Panorama ist ein Bild oder ein Foto, das einen weiten Blick über eine sehr große Fläche bietet. Asisis Bilder sind über 100 Meter lang und mehr als 30 Meter hoch, sie sind kreisrund und haben eine Fläche von mehr als 3 000 Quadratmetern. Der Besucher kann sich auf einem Podest in der Mitte des Ausstellungsraumes um sich selbst drehen und hat immer einen Ausschnitt des Bildes vor Augen. Mit dieser Perspektive und einer eingespielten Musik- und Geräuschkulisse werden so einmalige Eindrücke vermittelt.

2) Der Mount Everest in Leipzig

Auf seinem ersten riesengroßen Rundbild in Leipzig zeigte er von 2003 bis 2005 den höchsten Berg der Erde, den 8 848 Meter hohen Mount Everest. Die faszinierenden Aufnahmen davon wurden im Himalaya-Gebirge in ca. 6 000 Meter Höhe gemacht. Daraus setzte der Künstler ein Panoramabild zusammen, das den Eindruck der Grenzenlosigkeit in einem solchen Hochgebirge vermittelt. 450 000 Menschen besuchten seine Ausstellung.

3) Das alte Rom in Leipzig

Yadegar Asisis zweites erfolgreiches Projekt in Leipzig war ein Riesenrundbild vom prachtvollen alten Rom. Bis Februar 2009 genossen über 650 000 Besucher einen einmaligen Blick über die gesamte antike Stadt im Jahr 312 n. Chr. Die Stadt war auf dem 106 Meter langen und 34 Meter hohen Bild so echt dargestellt, dass man sich wie auf einer Reise in die Vergangenheit fühlte.

4) „Amazonien" in Leipzig

Seit 2009 begeistert Asisi in Leipzig mit seinem dritten Panoramabild: „AMAZONIEN". Der Künstler entführt die Besucher in die grüne Lebenswelt nahe dem Äquator. Er verzaubert sie mit einem sagenhaften Blick in den Regenwald und einem vieltausendstimmigen Konzert der Tiere.

5) Panometer in Dresden: Die Stadt im Jahr 1756

Auch in Dresden gibt es ein Panometer. Seit 2006 kann man dort das Panoramabild „1756 Dresden" bewundern. Der Besucher wird mitten in einen sonnigen Augusttag des Jahres 1756 versetzt und kann hautnah einen Tagesablauf miterleben. Mit beginnender Abendstimmung verebben das Stimmengewirr und die Geschäftigkeit.

6) Asisis Ziele

Yadegar Asisi macht seine Bilder, um den Menschen das Begreifen und Verstehen der Welt zu erleichtern. Er will mit seinen Panoramen Menschen zum Staunen und „bewussten" Sehen bringen und die Menschen in andere Zeiten und Welten versetzen.

7) Gasometer früher und heute

Als Standort für seine gigantischen Bilder wählte sich der Künstler in Leipzig und Dresden zwei alte Gasometer aus. Diese runden Gebäude waren ursprünglich mit Gas gefüllt. Gas benötigten die Menschen im 19. Jahrhundert für das Licht der Straßenlaternen oder – wie teilweise heute noch – zum Kochen und Heizen. Heute wird Gas über Fernleitungen aus anderen Ländern geliefert, deshalb benutzt man die alten Gasometer nicht mehr.

8) Vom Gasometer zum Panometer

Yadegar Asisi mietete die leer stehenden Gasometer und verwandelte sie zu einem „Panometer". Dieser Begriff setzt sich aus Panorama und Gasometer zusammen. Mit viel Fantasie und Einfallsreichtum machte Asisi aus den alten Gebäuden in Leipzig und Dresden einen Anziehungspunkt für Besucher aus aller Welt.

5. Schritt: Stichwörter zu den Abschnitten (mögliche Lösung):

- **1. Abschnitt:** Panorama: Bild oder Foto mit einem weiten Blick über eine sehr große Fläche; größte Panoramen der ganzen Welt von Asisi in Leipzig und Dresden: kreisrund, 100 m lang, 30 m hoch, Fläche von mehr als 3 000 Quadratmetern; von Mitte aus immer ein Bildausschnitt zu sehen; einmalige Eindrücke
- **2. Abschnitt:** erstes Rundbild in Leipzig: 8 848 Meter hoher Mount Everest; Aufnahmen davon in ca. 6 000 Meter Höhe gemacht und zusammengesetzt – erweckt den Eindruck von Grenzenlosigkeit bei den 450 000 Besuchern
- **3. Abschnitt:** zweites Bild in Leipzig: das prachtvolle Rom im Jahr 312 n. Chr.; Darstellung versetzte 650 000 Besucher auf eine Reise in die Vergangenheit
- **4. Abschnitt:** ab 2009 drittes Bild in Leipzig: sagenhafter Blick in den Amazonas-Regenwald nahe dem Äquator; Geräusche unzähliger Tierstimmen
- **5. Abschnitt:** Panometer in Dresden seit 2006: Bild von der historischen Stadt Dresden im Jahr 1756, Besucher können einen Tagesablauf miterleben
- **6. Abschnitt:** Asisis Ziele: Begreifen und Verstehen der Welt erleichtern; Menschen staunen und bewusster sehen lassen; in andere Zeiten und Welten versetzen
- **7. Abschnitt:** Gasometer waren früher mit Gas gefüllt und versorgten die Stadt damit; Gas benötigte man für Straßenlaternen und – wie auch heute – zum Heizen und Kochen; heute liefert man Gas jedoch über Fernleitungen aus anderen Ländern
- **8. Abschnitt:** Asisi mietete Gasometer und stellte in den kreisrunden Gebäuden seine Panoramabilder aus; *Panometer* aus *Pano*rama und Gas*ometer* entstanden; Anziehungspunkt für Besucher aus aller Welt

Seite 7:

Aufgabe 1: Ein Ungeheuer mit todbringendem Gesicht haust in einem Brunnen der Stadt und vergiftet das Wasser. Deshalb fehlt es an Trinkwasser.

Aufgabe 2: Der Verbrecher sorgt dafür, dass der Basilisk in einen Spiegel blickt. Weil dieser daraufhin denkt, sein Spiegelbild sei ein zweites Ungeheuer, wird er zornig und platzt vor Wut.

Seite 8:

Aufgabe 3: Der Verbrecher hofft erstens darauf, durch seine Tat begnadigt zu werden. Zweitens hat er in einem Zauberbuch gelesen, wie man einen Basilisken besiegen kann. Drittens hat er als zum Tode Verurteilter nichts zu verlieren (sollte sein Plan misslingen).

Aufgabe 4 (mögliche Lösung): Hoffentlich geht alles gut aus! Aber was habe ich schon zu verlieren? Sterben muss ich sowieso. Entweder der Henker tötet mich oder der Basilisk. Wenn es mir aber gelingt, den Basilisken zu überlisten, bin ich frei! Also los, dann versuche ich es jetzt. Das alte Zauberbuch wird meine Rettung sein.

Aufgabe 5: Torgau an der Elbe, Brunnen, Steinbild des Basilisken im Rathauskeller

Aufgabe 6: Basilisk, Verpestung der Brunnen durch den giftigen Hauch des Ungeheuers, Zauberbuch, Bekämpfung des Basilisken mit Spiegeln → er platzt vor Wut, weil er meint, sein Spiegelbild sei ein Rivale

Seite 9:

Aufgabe 1: Der Wundertopf der Stadt Penig war sehr bekannt für seine immense Größe/sein Fassungsvermögen: 50 Eimer Wein konnte er fassen. Er wurde auf dem Markt ausgestellt.

Seite 10:

Aufgabe 2: Der Erzieher will dem Prinzen eine Lehre erteilen, weil der einfach in den Topf gestiegen ist, der für den Wein vorgesehen war.

Aufgabe 3 (mögliche Lösungen):

- Im Topf ist es finster und eng. Der Topf ist aus Ton gebrannt. Innen sind die Wände mit Glasur versiegelt, damit er wasserdicht ist. Deshalb sind die Wände glatt.
- Als der Prinz plötzlich keine Leiter mehr hat, um aus dem Topf herauszusteigen, könnte er zuerst etwas erschrocken sein, vielleicht auch ärgerlich. Statt aber um Hilfe zu bitten, sammelt er seine Gedanken, überlegt sich einen Ausweg und schlägt dann ein Loch in den Topf.
- Huch, wo ist denn die Leiter hin? Wer hat sie weggenommen? Ohne komme ich hier doch nie und nimmer raus. Die Wände sind viel zu glatt, um daran hochzuklettern. Wie weit weg das kleine Stück Himmel dort oben wirkt! Unerreichbar! Bestimmt will mir Herr von Schönberg eine Lektion erteilen. Ha, der kann lange darauf warten, dass ich ihn um Hilfe bitte! Ich komme hier alleine raus, jawohl. Moment, mir kommt da eine Idee ... wenn mir der Ausweg über den Topfrand nicht gelingen kann, dann muss es eben einen anderen Ausweg geben. Vielleicht einfach durch die Wand? Kräftig bin ich ja ...

Aufgabe 4:

a) Der Prinz setzt sich bei seinem Vater, dem Kurfürsten von Sachsen, dafür ein, dass die Peniger Bürger keine Steuern mehr bezahlen müssen. So können sie dieses Geld für sich behalten als Wiedergutmachung für den zerstörten Topf.

b) „Um die Töpfer für den Verlust zu entschädigen, erbat sich der Prinz deshalb bei seinem Vater Steuerfreiheit für sie und erhielt diese auch." (Zeile 25–27)
c) Die Peniger Bürger lassen sich nicht entmutigen. Mit Hilfe der erlassenen Steuergelder stellen sie später einen neuen großen Topf her.

Seite 11:
Aufgabe 5:
- **Textstellen, die sich auf das wahre Geschehen beziehen:** *Einstmals stellten die Peniger einen großen Topf her, alle sehen und bestaunen, viele Fremde von nah und fern, Sohn des Kurfürsten, Topf (…) hineinzusteigen, zerstört*
- **Konkreter Ort:** Penig
- **Fantasievolle Ausschmückungen in der Sage:** Man konnte im Topf schwimmen. Der Erzieher zog dem Prinzen die Leiter weg, deshalb hat dieser den Topf mit der Faust zerschlagen. Der Vater des Prinzen hat der Stadt wegen der Zerstörungstag seines Sohnes die Steuern erlassen. Danach haben die Peniger einen neuen großen Topf hergestellt.

Aufgabe 6: Es handelt sich bei der Sage *Der große Topf zu Penig* um eine Heimatsage, weil diese Sage den konkreten Bezug zur Stadt Penig hat. Zusätzlich beruht das Erzählte auf einer wahren Begebenheit, nämlich der Zerstörung des weltberühmten Topfes durch den Sohn des Kurfürsten.

Seite 12:
Aufgabe 2: Bischof Hatto war nämlich habgierig und geizig. Er ließ die Armen einfach verhungern, anstatt ihnen zu helfen. Aber er hatte auch Angst vor den hungernden Menschen.
Aufgabe 3: Er fürchtete, dass sie seine Kornspeicher und Schätze plündern könnten.

Seite 13:
Aufgabe 4: Alle Hungernden sollten zu einer großen Scheune vor der Stadt kommen, um etwas zu essen zu bekommen.
Aufgabe 5: Die Menschen freuten sich und kamen in Scharen zu der Scheune. Aber als alle in der Scheune waren, ließ Hatto das Tor verriegeln. Dann zündeten seine Soldaten die Scheune an.
Aufgabe 6: „Hört doch, wie die Mäuse in der Scheune pfeifen", rief er, „das geschieht ihnen nur recht!" / „Schafft mir die Mäuse vom Hals!", schrie Hatto seine Diener an (…).
Aufgabe 7: Er glaubte, dass er dort vor den Mäusen sicher wäre, aber da hatte er sich gründlich geirrt. Denn nachts schwammen die Mäuse auf die Insel, wo sie den hartherzigen Bischof bei lebendigem Leib

auffraßen. Die Bingener Bürger aber waren froh, dass sie den bösen Bischof endlich los waren.

Seite 16:
Aufgabe 3:
1) Klasse 5b …
2) 13.4.20..
3) Stadtbibliothek Frankenberg …
4) Lesenacht der Klasse 5b
5) Sehr geehrte Frau Helk,
6) vielen Dank für Ihren Brief. …
7) Unsere Lesenacht soll …
8) Zum Schluss haben wir noch eine wichtige Frage: Bis wann müssen wir …
9) Viele Grüße senden Ihnen …
10) Lisa, Ulli, Curt und Sebastian

Seite 19:
Aufgabe 1: Am Dienstag von 16.00 bis ungefähr 18.00 Uhr könnten sich Sevim und Felix treffen.

Seite 21:
Aufgabe 1 (mögliche Lösung):
„Emma": gelber und schwarzer Plüsch, schwarzes Kunstleder (Schuhe), Vereinstrikot (gelb und schwarz), klobige schwarze Sportschuhe, große blaue Augen, breites Lachen, Fühler;
„Wölfi": dunkel- und hellbrauner Plüsch, grünes Vereinstrikot, weiße Shorts, schwarze Schuhe mit weißen Sohlen, lachendes Maul mit zwei weißen Eckzähnen, weicher Pelz

Seite 22–23:
Aufgabe 2 und 3: 1) Haubenmeise, 2) Blaumeise, 3) Schwanzmeise, 4) Kohlmeise, 5) Tannenmeise

Seite 24:
Aufgabe 1: runden, stille, alten, modernes, nah, kleiner, komischer, modrig, graue
Aufgabe 2: liege, ziehe, schaukele, knarrt, schwappt, höre, lachen, träume, losfahre, dümpelt, besichtigen, segeln

Seite 25:
Aufgabe 3: super → sehr schön,
wegschmeißen → wegwerfen,
echt → sehr,
quasseln → sprechen,
quatschen → reden,
super → wunderbar

Seite 26:

Am einunddreißigsten Februar

Hans Baumann

Am einunddreißigsten Februar
wird schwarze Tinte wie Wasser klar,
die Schnecken gewinnen gegen die Hasen
beim Wettlauf auf dem Stadionrasen,
aus Mauslöchern kommen Elefanten,
zur Schule gehn statt der Kinder die Tanten,
und Stühle gehn auf allen vieren
neben den Zebrastreifen spazieren,
ein Bus sagt auf dem Gemüsemarkt
zu zwei Polizisten: „Hier wird nicht geparkt!"
Verkehrsschilder suchen sich ein Versteck,
im Supermarkt laufen die Kassen weg,
das Rathaus bekommt einen Nasenstüber,
es geht eben alles drunter und drüber –
denn faustdicke Lügen werden wahr
am einunddreißigsten Februar.

Seite 27:

Der Mann im Schnee

Josef Guggenmos

Winter ist es. Draußen steht
einer, der nicht weitergeht.
Verlassen steht er dort im Schnee,
der dicke Mann. Geh zu ihm, los geh,
und sprich mit ihm! Sag: „Guten Tag!
Wie geht es Ihnen?" Oder frag:
„Wie spät ist es? Wo sind Sie her?
Wie heißen Sie? Liegt Bonn am Meer?
Wie viel ist drei mal drei und vier?
Was ist der Kürbis für ein Tier?"
Stelle ihm noch tausend Fragen –
Keine Antwort wird er sagen.
Er bleibt stumm.
Nimm's nicht krumm.
Er weiß nicht einmal, wie's ihm geht,
der weiße Mann, der draußen steht.

Seite 28:

Aufgabe 1: sitzt jeden Tag auf der Treppe, macht meistens ein böses Gesicht, spuckt auf die Straße, pfeift manchmal laut auf zwei Fingern, boxt manchmal in die Luft

Aufgabe 2 (mögliche Antwort): Weil die Kinder den Jungen nicht kennen und weil er oft böse guckt, haben die Kinder Angst vor ihm. Sie glauben, dass er ein Messer hat, dass er sie beklauen will, dass er Spielsachen kaputt macht und kleine Kinder haut.

Seite 29:

Aufgabe 4: *Es wusste ja nicht, dass die anderen vor ihm Angst hatten.* (Z. 19–20)

Aufgabe 5 (mögliche Fragen): Wie heißt du? Wo hast du vorher gewohnt? Wo gehst du zur Schule? Was macht dir Spaß? Hast du Lust, bei uns mitzuspielen?

Aufgabe 9: Richtig sind b), e) und f).

Seite 30:

Aufgabe 1–2:

Sterntaler

Brüder Grimm

Es war einmal ein kleines Mädchen *(Anfangsformel)*, dem waren Vater und Mutter gestorben, und es war so arm, dass es kein Kämmerchen mehr hatte, darin zu wohnen, und kein Bettchen mehr, darin zu schlafen, und endlich gar nichts mehr als die Kleider auf dem Leib und ein Stückchen Brot in der Hand, das ihm ein mitleidiges Herz geschenkt hatte.
Es war aber gut und fromm. Und weil es so von aller Welt verlassen war, ging es im Vertrauen auf den lieben Gott hinaus ins Feld *(weiter Weg)*. Da begegnete ihm ein armer Mann, der sprach: „Ach, gib mir etwas zu essen, ich bin so hungrig." Es reichte ihm das ganze Stückchen Brot und sagte: „Gott segne dir's", und ging weiter *(weiter Weg)*. Da kam ein Kind, das jammerte und sprach: „Es friert mich so an meinem Kopfe, schenk mir etwas, womit ich ihn bedecken kann."
Da tat es seine Mütze ab und gab sie ihm. Und als es noch eine Weile gegangen war *(weiter Weg)*, kam wieder ein Kind und hatte kein Leibchen an und fror: Da gab es ihm seins; und noch weiter *(weiter Weg)*, da bat eins um ein Röcklein, das gab es auch von sich hin. Endlich gelangte es in einen Wald *(weiter Weg)*, und es war schon dunkel geworden, da kam noch eins und bat um ein Hemdlein, und das fromme Mädchen dachte: „Es ist dunkle Nacht, da sieht dich niemand, du kannst wohl dein Hemdlein weggeben", und zog das Hemd ab und gab es auch noch hin.
Und wie es so stand und gar nichts mehr hatte, fielen auf einmal die Sterne vom Himmel, und es waren lauter harte, blanke Taler *(Verwandlung)*: und ob es gleich sein Hemdlein weggegeben, so hatte es ein neues an *(Verwandlung)*, und das war vom allerfeinsten Linnen. Da sammelte es sich die Taler ein und war reich für sein Lebtag. *(Schlussformel)*

Seite 31:

Der süße Brei

Brüder Grimm

Es war einmal ein armes frommes Mädchen, das lebte mit seiner Mutter allein, und sie hatten nichts mehr zu essen. Da ging das Kind hinaus in den Wald, und da begegnete ihm eine alte Frau, die wusste seinen Jammer schon und schenkte ihm ein Töpfchen, zu dem sollte es sagen: „Töpfchen, koche", so kochte es guten süßen Hirsenbrei, und wenn es sagte: „Töpfchen, steh", so hörte es wieder auf zu kochen. Das Mädchen brachte den Topf seiner Mutter heim, und nun waren sie ihrer Armut und ihres Hungers ledig und aßen süßen Brei, sooft sie wollten. Auf eine Zeit war das Mädchen ausgegangen, da sprach die Mutter: „Töpfchen, koche", da kocht es, und sie isst sich satt; nun will sie, dass das Töpfchen wieder aufhören soll, aber sie weiß das Wort nicht. Also kocht es fort, und der Brei steigt über den Rand hinaus und kocht immerzu, die Küche und das ganze Haus voll, und das zweite Haus und dann die Straße, als wollt's die ganze Welt satt machen, und ist die größte Not, und kein Mensch weiß sich da zu helfen. Endlich, wie nur noch ein einziges Haus übrig ist, da kommt das Kind heim und spricht nur: „Töpfchen, steh", da steht es und hört auf zu kochen; und wer wieder in die Stadt wollte, der musste sich durchessen.

Das grüne Licht

Es war einmal eine kleine Schnecke, die hatte sich in der dunklen Nacht verlaufen.
Sie war unheimlich traurig, weil sie nicht den Weg nach Hause finden konnte.
Plötzlich entdeckte sie ein Licht.
Ein geheimnisvolles grünes Licht schwebte durch den Wald. War dies ein Zauberwald?
War sie verrückt geworden? Hatte sie zu viele Salatblätter gefressen? Was war das bloß?
Es war ein Glühwürmchen. Ein kleines Insekt, das voller Licht strahlte und in warmen Sommernächten den Himmel erleuchtete.
Und es hilft damit allen, die sich in der Dunkelheit verlaufen haben.
Dadurch gelang es der kleinen Schnecke, nach Hause zu finden. Und wenn sie nicht gestorben ist, dann lebt sie noch heute quietschvergnügt in ihrem Schneckenhaus.

Seite 32:

Aufgabe 1: Schlussformel, magische Zahlen, weiter Weg, gute und böse Figuren, Verwandlung, Anfangsformel, Zauberspruch, Zauberdinge
Aufgabe 2–3:

Die Wassernix

Brüder Grimm

Es waren einmal ein Bruder und eine Schwester *(Anfangsformel)*, die spielten am Wasser. In einem unbedachten Moment fielen sie hinein und wurden von einer Nixe gefangen *(gute und böse Figuren)*. Die

legte ihnen nun schweren Dienst auf und hieß das Schwesterchen Wasser in ein hohes Fass schütten und den Knaben einen Baum mit einer stumpfen Axt fällen. Darüber wurden die Kinder endlich ungeduldig und entflohen. Die Nixe aber setzte ihnen nach. Als die Kinder sie erblickten, so warf das Mädchen eine Bürste *(Zauberdinge)* hinter sich. Das gab einen großen Bürstenberg *(Verwandlung)*, über den die Nixe mit viel Mühe klettern musste, aber sie schaffte es schließlich doch. Da warf der Knabe einen Kamm *(Zauberdinge)* hinter sich, das gab einen Kammberg zwischen ihnen und der Verfolgerin *(Verwandlung)*. Allein zuletzt stieg sie doch darüber und wollte die Kinder greifen. In höchster Not warf nun das Mädchen einen Spiegel *(Zauberdinge)* hinter sich. Das ergab einen Glasberg *(Verwandlung)*, der war so glatt, dass die Nixe nicht darüberklettern konnte und wieder zurück in ihr Wasser gehen musste *(magische Zahl: Drei)*. Froh und glücklich kamen die Kinder wieder zu Hause an, und wenn sie nicht gestorben sind, dann leben sie noch heute. *(Schlussformel)*
Aufgabe 4: Schneeweißchen, Rosenrot, Aschenputtel, Schneewittchen, Däumelinchen, Wolf, Rotkäppchen, Großmutter, Sieben Geißlein, Jäger, Froschkönig, Prinzessin

Seite 33:

Aufgabe 1 (Originalschluss):
(...) Am andern Morgen sprach die Frau: „Die kleinen Männer haben uns reich gemacht, wir müssten uns doch dafür dankbar zeigen. Weißt du was? Ich will Hemdlein, Rock, Wams und Höslein für sie nähen, auch jedem ein Paar Strümpfe stricken. Mach du jedem ein Paar Schühlein dazu."
Der Mann sprach: „Das bin ich wohl zufrieden", und abends, wie sie alles fertig hatten, legten sie die Geschenke statt der zugeschnittenen Arbeit zusammen auf den Tisch und versteckten sich dann, um mitanzusehen, wie sich die Männlein dazu anstellen würden. Um Mitternacht kamen diese herangesprungen und wollten sich gleich an die Arbeit machen. Als sie aber kein zugeschnittenes Leder, sondern die niedlichen Kleidungsstücke fanden, verwunderten sie sich erst, dann aber zeigten sie eine gewaltige Freude. Mit der größten Geschwindigkeit zogen sie sich an, strichen die schönen Kleider am Leib glatt und sangen:
„Sind wir Knaben nicht glatt und fein?
Was sollen wir länger Schuster sein?"
Dann hüpften und tanzten sie und sprangen über Stühle und Bänke. Endlich tanzten sie zur Türe hinaus. Von nun an kamen sie nicht wieder, dem Schuster aber ging es wohl, solange er lebte, und es glückte ihm alles, was er unternahm.

Seite 35:

Aufgabe 2: Der Vater verstößt seine Tochter, weil Salz für ihn nicht wertvoll erscheint. Er hätte eine andere Antwort von ihr als Liebesbeweis erwartet, z. B. den Vergleich mit Edelsteinen oder anderen Schätzen.

Aufgabe 3: Die Tochter verdankt dem Diener ihr Leben, da er sie im Wald nicht tötet.

Aufgabe 4: Sie hat den ungewöhnlichen Wunsch, eine Mäusehaut zu bekommen. Sicher möchte sie in dieser unerkannt ihr Leben fortführen.

Aufgabe 5: Die Prinzessin bewirbt sich bei einem benachbarten König und arbeitet dort als Diener. Sie muss dem König jeden Abend die Stiefel ausziehen.

Aufgabe 6: Damit der König die Bedeutung von Salz erkennt, serviert seine Tochter auf ihrer Hochzeit nur ungesalzene Gerichte.

Aufgabe 7 (mögliche Lösung):

(...) „Du bist kühn, dass du so mit mir zu sprechen wagst. Die anderen Diener haben nicht so viel Mut. Es gefällt mir, dass du so kluge, schlagfertige Antworten gibst." Wenige Tage später brachte man dem König einen kostbaren Ring. Mäusehaut habe ihn verloren, hieß es, aber er sei viel zu kostbar, den müsse er gestohlen haben. Daraufhin ließ der König Mäusehaut vor sich kommen und fragte, woher der Ring sei. Da konnte sich Mäusehaut nicht länger verbergen. Sie wickelte sich aus ihrem Kleid aus Mäusehaut, ihre goldgelben Haare quollen hervor, und sie trat heraus, so schön, dass der König gleich die Krone von seinem Kopf abnahm und ihr aufsetzte und sie für seine Gemahlin erklärte.

Seite 38:

Aufgabe 1: Polargebiete

Aufgabe 2: 24

Aufgabe 3: auf den Titel des Buches (in blauer Schrift, blau unterstrichen)

Aufgabe 4: Man kann es für sich vormerken lassen.

Seite 39:

Aufgabe 1:

- Äußerliche Merkmale: Schwarz, Dick, Kahl, Klein, Lang, Breitner, Grünlich, Lippe
- Eigenschaften: Mildner, Kluger, Fröhlich, Frisch, Fromm, Sauer, Sauber, Kraft
- Vergleiche: Luchs, Geier, Holz, Engel, Schnabel, Klette, Klotz, Fuchs

Aufgabe 2: Leisegang, Angstmann, Nachtigall, Gutgesell, Biedermann, Ehrlicher, Irrgang, Notnagel;

Lösungswort: Langbein

Seite 40:

Aufgabe 1: **Wörter mit betontem Langvokal:** Bee-re, Blu-me, Blü-te, Pflau-me, Ro-se, Rü-be

Wörter mit betontem Kurzvokal: Ap-fel, Bir-ne, Gur-ke, Kir-sche, Kür-bis, Nel-ke

Aufgabe 2: **Wörter mit betontem Langvokal:** Flie-gen, Ka-ter, Krö-ten, Kü-he, Lö-wen, Ti-ger

Wörter mit betontem Kurzvokal: En-ten, Fer-kel, Hun-de, Kat-zen, Och-sen, Wür-mer

Aufgabe 3: **Wörter mit betontem Langvokal:** Diens-tag, Frei-tag, Ju-ni, Ju-li, Mon-tag

Wörter mit betontem Kurzvokal: Mit-tag, Mitt-woch, Mor-gen, Sams-tag, Sonn-tag

Aufgabe 4: Diens-tag, Mon-tag

Seite 41:

Aufgabe 2 (mögliche Lösung): **FREUND:** freundschaftlich, unfreundlich, Freundschaft, befreunden; **SCHREIB:** unbeschreiblich, beschreiben, abschreiben, Beschreibung, Schreibung, schreiben; **FÜHR:** vorführen, ausführlich, Vorführung, Vorführer, Ausführlichkeit, abführen; **FAHR / FÄHR:** Gefahr, gefährlich, auffahren, befahren, verfahren, Gefährlichkeit

Aufgabe 3 (mögliche Lösung): Übersetzung, einsetzbar, entsetzlich, besitzen, aussitzen, auseinandersetzen, Entsetzlichkeit, übersetzen, unübersetzbar ...

Seite 42:

Aufgabe 1: **Wörter mit Dehnungs-h:** Feh-ler, Höh-le, Mäh-ne, Müh-le, Zah-len, Zäh-ne

Wörter mit silbentrennendem h: Hö-he, Mü-he, Re-he, Ru-he, Schu-he, Ze-hen

Aufgabe 2: **Wörter mit Dehnungs-h:** fah-ren, feh-len, füh-ren, rüh-ren, weh-ren, woh-nen, zäh-len

Wörter mit silbentrennendem h: dro-hen, ge-hen, glü-hen, ru-hen, se-hen, ste-hen, zie-hen

Aufgabe 4: frü-her, beina-he, ru-hig

Seite 43:

Aufgabe 1: ehemalige, Anziehungskraft, Aufsehers, Zehe, hohen, geschehen, wehendes, Mühe, Schuhen, nahe, gehen, Ruhe, frohe, verstehen

Seite 44:

Aufgabe 1: gewöhnt, fahren, Straßenbahn, Fähren, Fahrzeuge, fehlen, Jahren, Verkehr, zahlten, Gebühr, Überfahrt, erwähnt, Fährmänner, ehrlich, während, bezahlen, drehte, fuhr

Seite 45:

Aufgabe 1: Schoten – Boten, Schotten – Motten, Schalen – Qualen, Quallen – fallen, Quellen – stellen, Stulle – Bulle, Tonne – Sonne, Zone – Krone,

Säle – Kanäle, Ställe – Fälle, Krume – Blume,
Summe – Gebrumme, Spule – Schule
Aufgabe 2: gerade – krumm, schlau – dumm,
trocken – nass, gebräunt – blass, langsam – schnell,
dunkel – hell, mager – fett, unfreundlich – nett,
rau – glatt, hungrig – satt

Seite 46:
Aufgabe 1:
zerren: Zerrung, gezerrt, verzerrt, zerrt;
schwimmen: schwimmt, geschwommen, Schwimmbad, Schwimmerin;
rennen: rennt, gerannt, Rennpferd, Wettrennen;
zappeln: zappelig, gezappelt, Zappelei, Zappelphilipp;
Aufgabe 2:
treffen: traf, trifft, getroffen, Treffer, Treffpunkt;
bitten: bat, verbitten, gebeten, Bitte;
fallen: fällt, fiel, Zufall, Einfall

Seite 47:
Aufgabe 1:
sitzen, sitzt, Sitzung, Polstersitz
platzen, platzt, Platz, geplatzt
verletzen, verletzt, Verletzung, unverletzt
schwitzen, schwitzt, verschwitzt, Schwitzkasten
Die Wörter *witzig, petzen* passen nicht hinein.
Aufgabe 2:
wecken, geweckt, Wecker, aufwecken
wackeln, wackelt, wackelig, verwackeln
backen, backt, Bäcker, gebacken
trocknen, trocken, vertrocknet, Trockenheit
Die Wörter *lecker, gekleckert* passen nicht hinein.
Aufgabe 3: Strick, Augenblick, zurück, schick, Glück,
Frühstück

Seite 48:
Aufgabe 1: benutzen, Blitz, petzen, platzen, putzen,
putzig, Satz, Schatz, schmatzen, schmutzig,
schwitzen, setzen, sitzen, trotzig, Witz
Aufgabe 2: setzen – petzen, Schatz – Satz,
putzig – schmutzig, platzen – schmatzen,
putzen – benutzen, Witz – Blitz
Aufgabe 3: blicken, Brücke, dreckig, eckig, ersticken,
gucken, jucken, kleckern, lecken, lecker, meckern, Mü-
cke, schmecken, Socken, Stecker, trocken

Seite 49:
Aufgabe 2: **Wörter mit ss:** abgeschossen, ausge-
gossen, fesseln, gefressen, Gequassel, Grimasse,
Prinzessin, Gespussel, Rassel, Sommersprossen;
Wörter mit ß: einigermaßen, quößen, regelmäßig,
Schöße, kneißen, Soße, Späße, spaßig, stoßen,
Straßen, Schnäuße, Gespußel, gefräßig

Aufgabe 3:
schließen: schließt, Schloss, verschlossen;
wissen: gewusst, ich weiß, Wissensdurst;
fressen: ausfressen, er frisst, Fraß;
lassen: gelassen, ich ließ, er verlässt;
vergessen: unvergesslich, sie vergaß, Vergessenheit

Seite 50:
Aufgabe 2: Entfesselungskünstler, Unterwasserbe-
freiung, Fass, musste, Füßen, verschließen, ließ, Nass,
weiß, Schlüssel, Aufschließen, Fesseln
Aufgabe 4 und 5: Schnisse – Bisse, Klüsse – Küsse,
Quöße – Soße, Klusse – Busse, Blosse – Gosse,
Knüße – Füße, Schnieße – Spieße, Pluße – Buße

Seite 51:
Aufgabe 1: Bäuche, Sträucher, Strauch, träume,
aufräumen, Raum, Kräuter, läuten, Laut, betäuben,
Räuber, Raub, Fläche, Schwäche, schwach, Fächer,
Dächer, Dach, anständig, Geländer, Land, Kälte, kalt,
Eltern, e

Seite 52:
Aufgabe 1 und 2: Franzi musste **eine** Tasche tragen.
Diese Tasche war sehr schwer. Aber Franzi gab sich
große Mühe, sie zu tragen. **Beim** Tragen kam sie ganz
schön **ins** Schwitzen. **Zum** Schluss stolperte sie noch
über **ein** Hinder**nis.**
Aufgabe 3: die Schönheit, die Bildung, die Wissen-
schaft, Wachsamkeit, der Maler, die Erlaubnis, die
Anstrengung, die Verwandtschaft, das Ereignis, die
Kostbarkeit, die Schaltung, die Dunkelheit

Seite 53:
Aufgabe 4: mein Faschingskostüm, unsere Faschingsfeier, ein Erlebnis, ein Zauberer, die Bücher, das Zaubererkostüm, meinem Kopf, einen Hut, mein Gesicht,
meine Augenbrauen, eine Brille, meine Mutter, einen
Anzug, einem Overall, mein Vater, einen Zauberstab,
einen Knopf, des Stabes, ein Schrei, die Eule,
die Faschingszeit
Aufgabe 5: grüne Nudeln, eine leckere Soße,
fetzige Musik, spannende Filme, mein neues Fahrrad,
junge Hunde, nette Nachbarn, eine lustige Klasse,
freundliche Menschen
Aufgabe 6: vom Training, am Bahnsteig, vorm Kino,
ins Theater, zum Stall

Seite 54:
Aufgabe 1: **Eine** Prüfung in **der** Altsteinzeit
Der Herbst färbt **die** Blätter bunt. Inzwischen sind **die**
Nächte bereits empfindlich kühl. **Die beiden** Jungen
sind trotzdem stolz, nicht unten **am** Fluss in **den** Rin-

denhütten bei **ihrem** Stamm schlafen zu müssen. Sie sollen nämlich jetzt **zum** Ende **der warmen** Jahreszeit **ihre große** Prüfung ablegen. Damit wollen sie beweisen, dass sie zu **den** Erwachsenen gehören und mit auf **die** Jagd dürfen. **Ihre** Lanzen aus **zähem** Ebenholz haben sie selbst hergestellt und über **dem** Feuer gehärtet. Während **der** Prüfung dürfen sie sich nicht in **der** Nähe **des** Stammes sehen lassen oder **ins** Lager zurückkehren. **Die** Jungen ernähren sich vor allem von **den** Beeren **der** Waldsträucher. Mit **der** Zeit lernen sie auch, **essbare** Wurzeln auszugraben und **die** Blätter **der** Bäume für **die** Ernährung zu nutzen. Manchmal hören sie **ein** Knacken und **ein** Stampfen. Dann wissen sie, dass **eine** Herde **mächtiger** Waldelefanten heranstampft. Aus **vielen** Erzählungen wissen sie von **der** Gefährlichkeit **wütender** Elefantenkühe, die **ihre** Jungen beschützen wollen. **Diese** Beute lassen sie dann doch lieber vorüberziehen.

Aufgabe 2:
1. Artikel: eine Prüfung, (in) der Altsteinzeit, der Herbst, die Blätter, die Nächte, (in) den Rinderhütten, (zu) den Erwachsenen, (auf) die Jagd, (über) dem Feuer, (während) der Prüfung, (in) der Nähe, des Stammes, die Jungen, (von) den Beeren, der Waldsträucher, (mit) der Zeit, die Blätter, der Bäume, die Ernährung, ein Knacken, ein Stampfen, eine Herde, (von) der Gefährlichkeit
2. Adjektive: die beiden Jungen, der warmen Jahreszeit, (aus) zähem Ebenholz, essbare Wurzeln, mächtiger Waldelefanten, (aus) vielen Erzählungen, wütender Elefantenkühe
3. Pronomen: (bei) ihrem Stamm, ihre Lanzen, ihre Jungen, diese Beute
4. versteckte Artikel: am Fluss, zum Ende, ins Lager
5. Nachsilben (Suffixe): Prüfung, Ernährung, Erzählungen, Gefährlichkeit

Seite 55:

Aufgabe 1: a) Am liebsten esse ich Spaghetti, Eierkuchen, Erbseneintopf und Schnitzel mit Rosenkohl.
b) Gar nicht gern mag ich Spinat, Möhreneintopf, Grießbrei oder Zitronenpudding. c) Von den Farben gefallen mir besonders ein helles Blau, ein zartes Grün, ein glänzendes Rot und ein kräftiges Gelb.
d) Nicht so schön finde ich Dunkelgrün, Zitronengelb, Beigefarben oder Orange. e) Besonders gern lese ich die Bücher mit Harry Potter, abenteuerliche Erzählungen, Karl-May-Romane und Geschichten über das Leben im Mittelalter. f) Kriminalromane oder Reisebeschreibungen lese ich selten.
Aufgabe 3: (...) Was man da zu hören bekommt, klingt wie Fröschequaken, ein Trommelwirbel, lautes Schnarchen, dumpfes Grunzen, Trillerpfeifen oder wie Ma-

genknurren. Wie schaffen die Fische das, solche Laute, hohe Töne, tiefe Töne und andere Geräusche von sich zu geben? (...) Genauso machen es die Menschen beim Trommelspielen, beim Geigespielen oder beim Klimpern auf einer Gitarre. (...) Über und unter Wasser erklingen Liebeslieder, Drohgesänge, das Knattern von Motoren und viele andere uns vertraute Geräusche.

Seite 56:

Aufgabe 1–3: (...) Asterix sagte: „Komisches Tier, mal sehen, ob das schmeckt." Als noch weitere Truthähne aus dem Gebüsch kamen, rief Obelix: „He, Asterix, bis wir Wildschweine finden, haben wir jedenfalls etwas zu essen!" (...) Er befahl: „Obelix, zünde ein Feuer an!" (...) Obelix fragte: „Kann man so was überhaupt essen?" (...) Er stellte fest: „Das schmeckt sogar sehr gut." Obelix ließ sich jetzt auch nicht bitten, biss kräftig in das Fleisch und rief begeistert aus: „Der Braten ist wunderbar!" (...)

Seite 57:

Aufgabe 4–6: (...) „So ein Boot hab ich noch nie gesehen", sagte Asterix erstaunt. „Ja, komisch, mit Loch im Boden, das Wasser einlässt", staunte Obelix. „Ich fürchte, wir sitzen im falschen Boot", flüsterte Asterix. „Sollen wir wenden und ein anderes holen?", fragte Obelix. „Viel zu gefährlich!", rief Asterix. (...) „Lass uns aus dem Boot springen und zur Insel schwimmen!", forderte Asterix Obelix auf. „Hier übernachten wir!", befahl Asterix. „Morgen sehen wir weiter", fügte er noch hinzu.
Aufgabe 7: (...) Nach einer Zeit fragte er: „Ja, aber ... äh ... wie kriegen wir jetzt das Netz wieder?"
„Du brauchst doch nur dran zu ziehen", sagte Asterix. Obelix ist darüber sehr erstaunt: „Ich hab's doch aber rausgeworfen!" Asterix dämmerte etwas und er schrie: „Wie, hast du's etwa nicht fest gemacht? (!)" (...) „Ja, wer ist denn so verrückt und wirft das Netz raus, ohne es festzumachen!", rief Asterix empört. „Aber du selbst hast mir's gesagt, dass ich es rauswerfen soll!", beschwerte sich Obelix lautstark. Und etwas leiser fügte er hinzu: „Außerdem bin ich Hinkelsteinlieferant und kein Fischer." „Na gut, wir fahren zurück und holen ein neues Netz", meinte Asterix versöhnlich.

Seite 58:

Aufgabe 1: ... anlegen, nachdem ...; ... davon, dass ...; ... am Teich sitzen, bis er ...; ... gefragt, ob er ...; ... viel Arbeit, weil ...; ... ganz unruhig, als ...; ... er mir, dass wohl ...; ... für Gartenteiche, obwohl ...; ... viel Zeit, bis ...; ... bauen, damit ...; ... wette, dass ...

Aufgabe 2:

a) Vater schimpfte, als ich mit meinen schmutzigen Sachen ins Auto stieg.

b) Jana liest ihrem Bruder jeden Abend vor, wenn er endlich im Bett liegt.

c) Unser Sportfest musste ausfallen, weil es in Strömen regnete.

d) Jakob kann am Turnwettbewerb teilnehmen, obwohl er leicht verletzt ist.

e) Wir haben die Information erst spät erhalten, dass der Musikunterricht ausfällt.

f) Muna wartet, bis der Laptop hochgefahren ist.

g) Milan verlässt das Klassenzimmer, nachdem er seinen Aufsatz abgegeben hat.

Seite 59:

Aufgabe 3: **Von den Anfängen unseres Fahrrades**

Dass man mit dem Fahrrad auf einer geraden Straße besser als zu Fuß **vorankommt**, **weiß** heute jeder. Obwohl man schon sehr früh nach einem rollenden Fortbewegungsmittel **suchte**, **mussten** die Menschen bis zum Jahre 1817 warten. Nachdem Karl Drais in diesem Jahr seine Laufmaschine konstruiert **hatte**, **entwickelte** sich das Fahrrad in den nächsten Jahren sehr schnell weiter. Wenn Karl Drais die Fahrräder von heute sehen **könnte**, **käme** er aus dem Staunen nicht heraus. Dass das Fahrrad damals Laufmaschine **hieß**, **war** keine Überraschung. Damit man sich auf dieser Maschine fortbewegen **konnte**, **musste** man sich nämlich mit den Füßen vom Erdboden abstoßen. Weil Karl Drais auch einen Lenker entwickelt **hatte**, **konnte** der Fahrer sein Gleichgewicht halten. Während heute mit Fahrrädern viel Geld verdient werden **kann**, **blieb** für Karl Drais der wirtschaftliche Erfolg leider aus.

Aufgabe 4:

a) Während es draußen bitterkalt war, heizte der Kamin unser Zimmer molligwarm.

b) Die Maus kommt immer wieder, wenn sie Speck gekostet hat.

c) Als das Licht im Kino langsam verlöschte, stieg die Spannung bei den Zuschauern.

d) Dass du trotz des schlechten Wetters gekommen bist, freute uns alle sehr.

e) Die Zuschauer mussten bis zur 89. Minute warten, bis das entscheidende Tor fiel.

f) Es hätte schon viel früher fallen können, wenn der Elfmeter nicht an die Latte gegangen wäre.

Aufgabe 5: **Obwohl** Robert schnell zur Haltestelle gerannt war, war die Straßenbahn schon weg. Er hätte die Bahn noch bekommen können, **wenn** er fünf Minuten eher aufgestanden wäre. Er wollte aber unbedingt pünktlich sein, **weil** er schon einmal zu spät gekommen war. **Nachdem** Robert wieder nach Hause gerannt war, schnappte er sich sein Rad. Kräftig trat er in die Pedalen, **sodass** er zügig vorankam. **Bevor** es zum Unterricht klingelte, saß Robert schon erleichtert im Klassenzimmer.

Seite 60:

Aufgabe 1:

11 Hund, **12** Pony, **13** Zaun, **14** Angst, **15** Grasbüschel, **16** Hand, **17** Ferienende, **18** Foto, **19** Bett

Aufgabe 2:

-e: Netze, Tage; **-(e)n:** Ohren, Noten; **-s:** Clowns, Autos; **-er:** Bilder, Rinder; **mit Umlaut:** Stühle, Höfe; **ohne Änderung:** Theater, Löffel

Seite 61:

Aufgabe 1: der Biber, einen Fisch, der Wahrheit, eines Baumes, dem Biber, der Waldfrucht

Aufgabe 2:

a) *seinen* Freund, b) *seinem* Freund,

c) *dem* Krimi, d) *den* Krimi,

e) *den* Text, f) *dem* Text;

a) *einen* neuen Mitspieler, b) *einem* Schüler,

c) *einem* Computerfehler, d) *den* Fehler,

e) *dem* Kauf, f) *den* Kauf

Seite 62:

Aufgabe 1: ein, eine, Der, das, ein, den, eine, ein, Der, den, eine, die, der, einer, einem, die, die, der, einen, dem, ein, den, der, Die, einen, der, dem

Seite 63:

Aufgabe 1 (mögliche Lösung):

Immer wenn Lorenz morgens zur Schule geht, steht an der Kreuzung ein Schülerlotse. Lorenz kennt den Schülerlotsen schon lange. Er hilft Lorenz und den anderen Kindern über die Straße. Doch den fließenden Verkehr darf er dafür nicht stoppen. Wenn er eine Lücke im Verkehr erkennt, dann hebt er seine Kelle, sodass die ankommenden Fahrzeuge langsamer fahren. Den Schülerlotsen erkennen die Fahrer gut an seiner leuchtenden Warnweste.

Aufgabe 2: Seit Langem haben sich die Schüler der 5c auf **ihre** diesjährige Fahrradtour vorbereitet. Morgen endlich starten wir **unsere** Fahrt. Deshalb putzt Lotta heute **ihr** Rad, Peter dreht an **seinem** Rad alle Muttern fest, Jette und Kim haben **ihre** Räder schon gestern in Ordnung gebracht. Max allerdings sitzt am Computer, bis ihn **seine** Mutter fragt: „Hast du denn schon **dein** Fahrrad in Ordnung gebracht, das Vorderrad hatte doch einen Platten?" Jetzt muss auch Max loslegen.

Seite 64:
Aufgabe 1:
1 standen, 2 sahen, 3 zählten, 4 fuhren,
5 achtete, 6 machte, 7 nahm, 8 rauschten,
9 beobachteten, 10 wollte, 11 stoppte
Aufgabe 2 (mögliche Lösung):
1 verbringen, 2 entdeckt, 3 schreit, 4 sausen, 5 können,
6 futtern, 7 bauen, 8 fressen, 9 besteht, 10 gibt

Seite 65:
Aufgabe 1: stehlen – stahl – hat gestohlen;
pfeifen – pfiff – hat gepfiffen;
finden – fand – hat gefunden;
binden – band – hat gebunden;
lügen – log – hat gelogen;
schneiden – schnitt – hat geschnitten;
fangen – fing – hat gefangen;
frieren – fror – hat gefroren;
trinken – trank – hat getrunken;
beißen – biss – hat gebissen

Seite 66:
Aufgabe 1 (mögliche Lösung): bin gefahren, rollten,
bremst, war, hielten an, stöhnte, hat geschimpft,
ging, kam, ist liegen geblieben, fuhren,
ist gut gegangen, badeten

Seite 67:
Aufgabe 1: 1 seltsamen, 2 trauriger, 3 fröhlicher,
4 schwarzes, 5 weißen, 6 auffälliges, 7 fernen,
8 natürlichen, 9 andere, 10 mutige, 11 kleiner,
12 größere, 13 fertige, 14 dünnen, 15 trockenen,
16 lebenslustige, 17 zweites, 18 liebevoller,
19 aufwändigen

Seite 68:
Aufgabe 1: hart, selten, dünn, frisch, sieben, nächste,
lila, fremd, flott, perfekt, sauer, eisern
Aufgabe 2: a) wie, b) als, c) wie, d) als, e) als, f) wie
Aufgabe 3: klug – klüger – am klügsten;
schnell – schneller – am schnellsten; lustig –
lustiger – am lustigsten; weit – weiter – am weites-
ten; lang – länger – am längsten

Seite 69:
Aufgabe 1:
von, An, für, bei, in, auf, über, Zwischen, mit, wegen
Aufgabe 2:
1 an der Steilküste, 2 auf der Insel Rügen,
3 über die hohen Wellen, 4 mit ihrer ganzen Kraft,
5 auf den unteren Teil, 6 Nach diesem Erlebnis,
7 auf der Spitze, 8 mit einem Fischkutter,
9 auf den hohen Wellen, 10 an diesen Tag

Seite 70:
Aufgabe 1:
auf der Baustelle, auf die Baustelle,
in den Bauwagen, in dem Bauwagen, auf das
Baustellengerüst, auf dem Baustellengerüst,
auf die Hebebühne, auf der Hebebühne,
neben dem / meinem Vater, neben den Kalkeimer
Aufgabe 2: a) über den Ausflug, b) hinter der Ziellinie,
c) auf dem Trampolin, d) in den Bach,
e) auf den Kirschbaum, f) An der Tafel

Seite 71:
Aufgabe 1:
2 Streithammel, 3 Holzsäge, 4 Trauerweide,
5 Angsthase, 6 Wollmütze, 7 Zwergpudel,
8 Wasserglas
Aufgabe 2:
a) Abenteuer**film**, Märchen**film**, Tier**film**;
b) Nadel**baum**, Laub**baum**, Apfel**baum**
Aufgabe 3:
a) **Tisch**decke, **Tisch**lampe, **Tisch**tennis;
b) **Musik**schule, **Musik**film, **Musik**kassette

Seite 72:
Aufgabe 1:
*auf*hören, *zer*rissen, *ver*trauen, *um*geknickt,
*vor*getragen, *ent*frosten, *miss*trauen, *aus*fällt
Aufgabe 2:
a) ver-, b) ent-, c) zer-
Aufgabe 3:
1 Feigheit, 2 Eitelkeit, 3 Warnung, 4 Mannschaft,
5 langsam, 6 scheinbar, 7 furchtlos, 8 mutig,
9 Feigling

Seite 73:
Aufgabe 1:
1 berichtet, 2 sprechen, 3 prahlte, 4 flüsterten,
5 informiere, 6 einzuwenden
Aufgabe 2:
hören: vernehmen, lauschen, horchen,
die Ohren spitzen, zuhören;
arbeiten: schuften, sich beschäftigen, sich plagen,
zupacken, zugreifen, sich abmühen;
sprechen: ächzen, schimpfen, wispern, erklären,
erwähnen;
sehen: gucken, blinzeln, schauen,
beobachten, blicken, betrachten, glotzen;
nicht zuzuordnen: knabbern, trödeln

Seite 74:

Rettung in letzter Minute
(...) Ich wusste zwar, dass es gefährlich ist, aufs Eis zu
gehen, <u>trotzdem</u> achtete ich nicht auf die Gefahr. <u>Auf</u>

einmal hörte ich das Eis verdächtig knacken. <u>Schnell</u> wollte ich noch zurücklaufen. <u>Aber plötzlich</u> brach ich ein. Ich fiel ins eiskalte Wasser. <u>Am Rand des Eislochs</u> sah ich Mux stehen. <u>Da</u> schrie ich wie wahnsinnig um Hilfe. <u>Mit aller Kraft</u> schob ich meine Arme über das Eis. <u>Aber</u> ich konnte mich nicht festhalten. / <u>Festhalten</u> konnte ich mich aber nicht. Da schnappte Mux nach meinem Jackenärmel. <u>Darin</u> hat er sich richtig verbissen. / <u>Richtig verbissen</u> hat er sich darin. <u>Dann</u> zerrte er an dem Ärmel. <u>Schließlich</u> zog er mich mit aller Kraft aus dem Loch. / <u>Mit aller Kraft</u> zog er mich schließlich aus dem Loch. <u>So</u> wurde ich in letzter Minute gerettet.

Seite 75:
Aufgabe 1:
a) Zeit, Ort; b) Ort; c) Art und Weise;
d) Art und Weise, Zeit; e) Art und Weise; f) Zeit;
g) Ort; h) Ort; i) Zeit, Zeit; j) Zeit
Aufgabe 2:
k) Vor 700 Jahren (Zeit), während des Tages (Zeit), täglich (Zeit); l) Am Morgen (Zeit),
auf der Kochstelle (Ort); m) mittags (Zeit),
am Abend (Zeit); n) etwas genauer (Art und Weise), heute (Zeit), in Geschäften (Ort),
wahrscheinlich (Art und Weise), im Mittelalter (Zeit)

Seite 76:
Aufgabe 1:
Verena ist erkrankt. Sie langweilt sich. Sie wartet. Will niemand kommen? Das arme Mädchen hustet. Verena hat sich erkältet. Es klopft. Die Tür geht auf! Ihre Freundin Lotte kommt. Lotte tritt ein. Verena richtet sich auf. Sie freut sich. Lotte setzt sich. Sie erzählt. Verena hört zu.

Seite 77:
Aufgabe 1:
ihr erstes Futter, dem kleinen Nachwuchs, ihre Beute, den Jungen, Würmer und Larven, ihre lauten Schreihälse, den Eltern, das Nest
Aufgabe 2:
ihren Eltern (Dativ), den Altvögeln (Dativ), weiteres Futter (Akkusativ), den meisten jungen Blaumeisen (Dativ), den Sommer (Akkusativ)

Seite 78:
Aufgabe 1: (...) **Der Mann** rannte **dem Dieb** hinterher. **Er** konnte **ihn** festhalten. **Er** benachrichtigte mit seinem Handy **die Polizei**. **Die Polizei** war schnell zur Stelle. **Sie** nahm **dem Dieb die Brieftasche** wieder ab. **Der Dieb** wurde abgeführt.

Aufgabe 2: **Pech gehabt!**
Ein Taschendieb hatte **einem Mann die Brieftasche** gestohlen. **Der Mann** hatte **den Diebstahl** sofort bemerkt. **Der Mann** rannte **dem Dieb** hinterher. Doch **der Dieb** war plötzlich verschwunden. **Der Bestohlene** suchte **das Polizeirevier** auf. **Die Polizei** versprach **dem Mann schnelle Hilfe**. Doch leider bekam **der Mann** seine Brieftasche nicht wieder.

Seite 79:
Aufgabe 1:
Unterstrichen werden sollten folgende Wörter: Vergeblicher, weite, rote, kurze, erfrischende, böse, kleinen, technischen, rettenden, Zwei, kleiner, kaltes, großen
Aufgabe 2:
In folgender Reihenfolge müssen die neun Attribute in den Text eingefügt werden: wirkliches, lebenslangen, sechzig, ganzes, verpassten, achtfache, dreitägige, großen, kenianischen

Seite 82:
Aufgabe 1:
Ärmel, Elfenbein, Äquator, Euter, äußerlich, Eumel, Krem, Clown, Klub / Club, Fairness, Litfaßsäule, Koloss, Vitamine, Fakir, Ventil, Charakter, Kassette, Caravan, fantastisch / phantastisch, Fotografie / Photographie, Phantom, Reisbrei, Grießbrei, Weisheitszahn

Seite 83:
Aufgabe 1:
anstrengen, Ende, endlich, fremd, Hemd, Kerzen, Konfekt, rempeln, Scherben, Schmerzen, Spende, sprengen, stechen, stempeln, verderben
Aufgabe 2:
Schmerzen – Kerzen, rempeln – stempeln,
Spende – Ende, fremd – Hemd, Scherben – verderben
Aufgabe 3:
4: Ende, Hemd; **5:** fremd; **6:** Kerzen, Spende;
7: rempeln, stechen, Konfekt, endlich;
8: sprengen, Scherben, stempeln;
9: Schmerzen, verderben; **10:** anstrengen

Seite 84:
Aufgabe 1:
Essen, Trinken: Makkaroni, Omelett, Pudding, Rouladen, Kakao;
Sport: Tennis, Volleyball, Diskus, Athlet, Hockey;
Musik: Chor, Klavier, Gitarre, Orchester, Keyboard;
Schule: Mathematik, Etui, Lineal, Zirkel, Diktat

Aufgabe 2:
4, 5, 6 Buchstaben: Etui, Chor, Kakao, Tennis, Diskus,
Lineal, Zirkel, Diktat, Athlet, Hockey
9 und mehr Buchstaben: Makkaroni, Orchester,
Mathematik, Volleyball
Aufgabe 3:
Doppelkonsonanten: Makkaroni, Omelett, Tennis,
Volleyball, Gitarre, Pudding;
Besondere Vokale (ey, ou, y, ao, oa): Etui, Volleyball,
Rouladen, Kakao, Keyboard, Hockey
Besondere Konsonanten (th, ch): Mathematik, Chor,
Orchester, Athlet

Seite 85:
Aufgabe 2:
abends, ärgern, bisschen, bloß, eigentlich, endlich,
enttäuscht, Fahrrad, Idee, interessant, kam, kaputt,
meistens, nämlich, passiert, plötzlich, Spaß, verrückt,
vielleicht, ziemlich
Aufgabe 3:
verrückt, vielleicht, enttäuscht, Fahrrad, passiert
Aufgabe 4:
bisschen, bloß, interessant, passiert, Spaß
Aufgabe 5:
eigentlich, endlich, nämlich, plötzlich, ziemlich

Seite 86:
Aufgabe 2: Käfig, Pflege, Geselligkeit, Auslauf,
eigene Überschrift: Futter, Vermehrung

Seite 87:
Aufgabe 1:
1A, 2B, 3A, 4B, 5A, 6B, 7A, 8A, 9B, 10B, 11A, 12B, 13A, 14B
Mögliche Überschriften für Text A:
Woher stammen Meerschweinchen?
Die Herkunft unserer Meerschweinchen
Mögliche Überschriften für Text B:
Meerschweinchen – beliebte Nager
Meerschweinchenhaltung will gelernt sein